20,–

mandelbaum *verlag*

Erica Fischer

DIE WELT VOR SUZIE WONG

Eine Familiengeschichte zwischen Wien, Seoul, Paris, Shanghai

mandelbaum *verlag*

Gedruckt mit Unterstützung durch

*Zukunfts***Fonds**
der Republik Österreich

Stadt Wien | Kultur

mandelbaum.at • mandelbaum.de

ISBN 978-3-85476-797-8

Projektkoordination: ELKE SMODICS
Lektorat: GABRIELE MIGDALEK
Satz: MARIE ARTAKER
Umschlag: MARIE ARTAKER
Bildbearbeitung: MICHAEL BAICULESCU
Druck: PRIMERATE, Budapest

Inhalt

Dieses Buch wurde von Suzie Wong und Erica Fischer gemeinsam konzipiert und recherchiert und von Erica Fischer aufgeschrieben. Wir danken allen, die durch Interviews, Gespräche, Kontakte und Ratschläge in wertvoller Weise zum Entstehen dieses Buches beigetragen haben. In alphabetischer Reihenfolge: Stane Jagodić, Marjana Kobe, Marja Lorenčak, Dimitris und Traude Manikas, Lev und Jana Menaše, Cvetka Požar, Laurent Quisefit, Seo Hye-sug und ihr Mann Kim Gi-yeong, Ronald und Doris Sponer sowie Stefanie Wong. Metka Traven hat unser Gespräch mit Stane Jagodić übersetzt. Jinah Kim hat Suzie Wong als Erste auf die Bedeutung von Seo Yeong-hae hingewiesen, den Kontakt zu einem koreanischen Journalisten hergestellt und so den Stein ins Rollen gebracht. Der in den USA lebende Koreanist Frank Hoffmann hat für uns im süd- und nordkoreanischen Internet recherchiert, bei der historischen Einordnung mancher Ereignisse sowie bei der deutschen Transkription koreanischer Eigennamen geholfen. Bei der Aufarbeitung der Geschichte und der Herstellung von Kontakten zur koreanischen Community in Wien haben uns geholfen: Park Jong-bum, Präsident der Youngsan-Gruppe, Shin Dong-Ik, der ehemalige koreanische Botschafter in Wien, und Frau Chun Mi-ja von der Akakiko-Gruppe. Ganz besonders zu Dank verpflichtet sind wir Sang Chun Jung, der anlässlich des hundertsten Jahrestags des Aufstands der koreanischen Studierenden gegen die japanische Besatzung eine Biografie über Seo Yeong-hae geschrieben und sie für uns ins Französische übersetzt hat. Für das französische Lektorat danken wir Susanne Pollak. Aus dieser Biografie haben wir eine Fülle von Informationen über Seos Leben und Wirken entnommen, die uns aufgrund unseres fehlenden Zugangs zu wichtigen koreanischen Quellen und mangelnder Sprachkenntnisse nicht zur Verfügung standen.

Zum Buch

2019 wurde in Südkorea der hundertste Jahrestag des Aufstandes der koreanischen Studierenden gegen die japanische Besatzung Koreas (1910 bis 1945) begangen. Ein bislang nur Eingeweihten bekannter Journalist und Freiheitskämpfer erschien plötzlich im Scheinwerferlicht der Medien: Seo Yeong-hae, geboren 1902 in Busan.

Als Teenager war Seo Yeong-hae für die Unabhängigkeit Koreas am 1. März 1919 auf die Straße gegangen und hatte sich danach gezwungen gesehen, nach Paris zu fliehen, wo er 27 Jahre lang im Exil lebte. Aber auch nach der Befreiung Koreas konnte er dort aufgrund der politischen Verhältnisse kein Amt übernehmen, musste erneut aus seinem Heimatland flüchten und starb unter unbekannten Umständen um 1960 in Pjöngjang, der Hauptstadt Nordkoreas.

Zwar war Seo Yeong-hae bereits 1995 posthum von der südkoreanischen Regierung zum Helden erklärt worden, doch hatte sein Leben im Schatten seines Pariser Exils den Nachruhm verhindert, den andere führende Köpfe der Provisorischen Exilregierung Koreas im chinesischen Exil heute immer noch genießen. Anlässlich der Feierlichkeiten des Jahres 2019 lenkten jedoch eine Ausstellung in Seos Heimatstadt Busan, ein reichlich bebilderter Katalog, eine Biografie sowie eine aufwendige Fernsehdokumentation die Aufmerksamkeit der Öffentlichkeit auf diesen unermüdlichen Kämpfer für die Freiheit und Unabhängigkeit Koreas.

Ebenso wenig wie über sein politisches Leben war über sein Privatleben bekannt – das überraschenderweise nach Wien führt. Einige Jahre vor den großen Feierlichkeiten in Südkorea hatte die Wiener Kunsthistorikerin Suzie Wong begonnen, nach ihren Wurzeln zu forschen, und war dabei auf eben jenen Seo Yeong-hae gestoßen, ihren – wie sie herausfand – koreanischen Großvater! Ihren Nachforschungen zufolge hatte Seo im Pariser Exil die Wiener Kunststudentin Elisabeth (»Elizza«) Bräuer kennengelernt und 1937 im Wiener Rathaus geheiratet. Der kurzen Ehe entsprang

Suzies Vater Stefan. Dieser jedoch trug – nach einer neuerlichen Eheschließung seiner Mutter mit einem Chinesen namens Wong – den Nachnamen seines Adoptivvaters. So erfuhr Suzie Wong, dass trotz ihres chinesischen Nachnamens »kein Tropfen chinesischen Blutes« (wie es ein koreanischer Journalist formulierte) in ihren Adern fließt, sie dafür aber eine große Verwandtschaft in Südkorea hat.

Seo selbst hatte zu Lebzeiten keine Ahnung von der Existenz seines 1939 geborenen Sohnes, und seine geschiedene Frau Elizza, eine avantgardistische Künstlerin, tat alles, um den wahren Vater dieses wohl ungewollten Sohnes zu verheimlichen.

Suzie Wongs Suche nach ihrem unbekannten Großvater machte nicht nur die Rekonstruktion der komplizierten Familienverhältnisse – auch für mich – zu einem spannenden Unterfangen, sondern führte in Etappen auf teils verworrenen Wegen tief hinein in die tragische Geschichte Koreas und offenbarte die große Bedeutung Seo Yeong-haes für sein Land.

Seit dem hundersten Jahrestag der koreanischen Unabhängigkeitsbewegung im Jahr 2019 sind die beiden Wienerinnen, Suzie und ihre jüngere Schwester Stefanie Wong, nun offiziell in Südkorea als »Heldenenkelinnen« anerkannt.

Das Eiles

»Sie haben's gut, Sie können ins Kaffeehaus gehen!«, soll Kaiser Franz Josef einmal gesagt haben. Da hatte er Recht. Wer das nicht kann, ist arm dran. In Berlin bin auch ich arm dran. Das Kaffeehaus fehlt mir, die entspannte Ruhe, die gedämpften Gespräche, die ausgelegten Tageszeitungen, die Abwesenheit von Konservenmusik, die grantigen Kellner alter Schule. Wenn ich auf Wienbesuch bin, eile ich von einem Kaffeehaus ins nächste, um dort meine Freundinnen zu treffen. Wir sehen uns ausschließlich im Kaffeehaus. Mit einer von ihnen muss ich mir gar nicht erst etwas ausmachen. Sie sitzt einfach jeden Tag ab 16 Uhr im Café Rüdiger Hof, immer am selben Tisch. Der Rüdiger Hof in der Hamburgerstraße ist ihr zweites Zuhause.

Mit Suzie treffe ich mich im Café Eiles, Landesgerichtsstraße/ Ecke Josefstädter Straße. Zur Landesgerichtsstraße habe ich gewissermaßen einen familiären Bezug. In das »Graue Haus«, das heutige Landesgericht für Strafsachen, wurden meine Eltern im November 1935 gebracht, um eine Polizeihaft wegen illegaler politischer Betätigung zu verbüßen, meine Mutter drei Monate mit anschließender Abschiebung in ihr Heimatland Polen, mein Vater neun Monate, verurteilt wegen Geheimbündelei und Hochverrat.

Auf dem Weg ins Café Eiles zum Rendezvous mit Suzie stelle ich zu meinem Erstaunen fest, dass die Landesgerichtsstraße 11 zu einer Gedenkstätte geworden ist. Nun erinnern zehn Informationstafeln an die politischen Ereignisse zwischen 1927 und 1945 und deren teils tödliche Folgen für so manche. »1933/34 Standgerichte, Autoritäre Maiverfassung 1934« steht auf der Tafel, die sich unter anderem auf meine Eltern bezieht. Als Maiverfassung wird die oktroyierte Verfassung des österreichischen Ständestaats bezeichnet, die am 1. Mai 1934 in Kraft trat und durch den sogenannten Anschluss an Nazideutschland 1938 aufgehoben wurde.

Suzie arbeitet im Wiener Rathaus, weshalb das Café Eiles für sie der ideale Ort für eine Besprechung zwischendurch ist. Seit 1840 gibt es an der Landesgerichtsstraße ein Kaffeehaus, das nicht immer Eiles hieß, und seit damals treffen sich dort wechselnde Milieus, Ende des 19. Jahrhunderts spät nachts auch die sogenannte Halbwelt, in den 1930ern die illegalen Nazis, die im Juli 1934 dort ihr letztes Treffen vor ihrem gescheiterten Juliputsch abhielten.

Um die Mittagszeit muss man im Café Eiles Glück haben, einen Tisch mit Marmorplatte an einem der neunzehn großen Fenster zu ergattern, denn die Fenster- und Ecktische sind besonders beliebt. Die rote Stuhlpolsterung im vorderen Raum, die vom hohen Gewölbe hängenden Luster aus Bronze und die zweiarmigen Kugelleuchten an den Wänden schaffen eine intime Stimmung, die aber doch hell genug ist, um die Zeitungen lesen zu können. Die Eiernockerln, die ich stets im Kaffeehaus bestelle, lassen zu wünschen übrig, aber das macht nichts, Hauptsache Kaffeehaus.

Suzie hat schwarze Augen, schwarzes Haar und eine auch im Winter dunkle Haut. »Irgendwie südländisch« sieht sie aus. Zudem ist sie sehr lebhaft. Auch ich bin lebhaft, wenn auch durch mein Alter gemildert. Wenn wir aufgeregt sind, unterbrechen wir uns gegenseitig, ohne daran Anstoß zu nehmen. Kennengelernt haben wir uns, weil ihr 2013 verstorbener Vater in dritter Ehe eine Zeit lang mit meiner Cousine verheiratet war. Mit ihr hatte ich jahrelang wenig Kontakt gehabt. Erst als Mitte der 1990er Suzies Vater Stefan in ihr Leben trat, belebte sich unsere Beziehung erneut, die in unserer Kinderzeit sehr intensiv war. Mit seiner liebevoll-ruppigen Art war mir Stefan sofort sympathisch. Sein Humor war schräg, er sprach Wiener Dialekt und trug nachlässige ländlich-österreichische Joppen. Als Architekt umgab er sich mit schönen Dingen, keine modischen Designerstücke, sondern gediegene Möbel, abgenützte Gebrauchsgegenstände und Kunstwerke, die ebenso schräg waren wie er selbst. In seiner Wohnung war alles schön, schön und alt, und ich fühlte mich dort auf Anhieb wohl. Zu einem meiner Geburtstage schenkte er mir einen etwa fünfzig Zentimeter hohen schlanken Unterschenkel mit einem langgestreckten Fuß aus schwarz gebeiztem Holz. Es ist unklar, wozu er einst diente, vielleicht war er der Stiefelspanner eines Offiziers des Heeres der Habsburgermonarchie. Zum ersten Blind Date mit meiner Cousine überreichte er ihr keinen Blumenstrauß, sondern einen in Zeitungspapier gewickelten Fisch. So war Stefan. Immer noch, wenn ich in meinem Berliner Schlafzimmer morgens die Augen öffne, erinnert mich das schwarze Bein an den Mann, der so sympathisch österreichisch war, wie man nur österreichisch sein kann und doch einen koreanischen Vater hatte. Übrigens, weil alle fragen: Man sah es ihm nicht an. Oder kaum.

Auch Suzie sieht man es nicht an. Auch das fragen alle: »Sieht sie asiatisch aus«? Natürlich fragen sie nicht: »Hat sie Schlitzaugen?« Das sagt man heute nicht mehr.

Abgesehen davon, dass wir uns mögen, haben unsere Treffen im Café Eiles ein Thema: Stefan Wongs koreanischer Vater und alles, was daraus folgte. »Wieso Wong?«, fragen koreanische Leute irritiert. »Wong ist doch Chinesisch!« Mit meiner eurozentrischen Ignoranz war mir das natürlich gar nicht aufgefallen. Wong klingt asiatisch, das musste für mich reichen. Die Erklärung ist kompliziert. Kurz zusammengefasst, lässt sich sagen, dass sich Stefans Mutter in Paris, wo sich beide aus verschiedenen Gründen aufhielten, von ihrem koreanischen Mann trennte, als sie 1939 mit Stefan schwanger wurde, nach Wien zurückkehrte und nach Kriegsende einen Chinesen namens Wong heiratete, der Stefan kurz vor seinem Tod adoptierte und ihm seinen Namen vermachte. Den koreanischen Erzeuger ihres Sohnes verlor Stefans Mutter mit Absicht aus den Augen, sodass ihr Sohn seinen Vater nie kennenlernte.

Suzie Wong hat gelernt, mit ihrem Namen umzugehen. Ihre Eltern fanden es wohl witzig, ihre Erstgeborene nach Richard Masons berühmter Romanfigur zu nennen. Vielleicht weiß die jüngere Generation es heute nicht mehr, aber die Verfilmung des Buches unter dem Titel »The World of Suzie Wong« mit Nancy Kwan und William Holden in den Hauptrollen machte das Freudenmädchen aus Hongkong 1960 schlagartig berühmt. Als Suzie ein Kind war, haben die Leute bei der Nennung ihres Namens immer geschmunzelt und gesagt, dass sie später schon verstehen würde, warum. Sie wusste, dass hinter ihrem Namen ein Geheimnis steckte.

Um welches über den Film hinausgehende, welthistorisch nicht unbedeutende Geheimnis es sich wirklich handelte, begann Suzie

Suzie und Stefanie in der Fotoausstellung Coming Home, a Hundred Years Later, *Munhwa Broadcasting Corporation (MBC), Seoul, 2019*

erst kurz vor Stefans Tod zu ahnen. Und an einem Marmortisch im Café Eiles bei einer Mélange und einem Stück Topfentorte aus der Kuchentheke hat sie es mir erzählt.

In der Familie Wong wusste man nur, dass Stefan einen koreanischen Vater hatte, der Journalist und Schriftsteller war. Auch die Titel seiner beiden auf Französisch verfassten Bücher kannte man, wenngleich niemand sie gelesen hatte, so groß war das Interesse dann auch wieder nicht, und zudem waren sie schwer zu beschaffen. Stefan wusste, dass er den Namen seines Adoptivvaters trug, mit dem er als Kind einige Jahre zusammengelebt hatte und an den er sich erinnern konnte. Er war ein in Österreich arbeitender Lungenfacharzt aus Kanton, der jung an Tuberkulose starb. Ihm haben Suzie, ihre jüngere Schwester Stefanie und deren Tochter Frieda den chinesischen Namen Wong zu verdanken. Mit China verbindet sie nichts, mit Korea immerhin der fremde Großvater.

Stefans Mutter war eine Wiener Künstlerin und Galeristin, die ihrem Sohn gegenüber über dessen Vater kein Wort verlor. Warum, bleibt ein Rätsel. Das Verhältnis des Sohnes zu seiner Mutter war auch aus anderen Gründen so gestört, dass Stefan den Kontakt zu ihr 1970, als er selbst heiratete und Suzie geboren wurde, abbrach.

Bis zu ihrem Tod 2006 wechselten die beiden kein weiteres Wort miteinander. Sie hieß Elisabeth, wie meine Cousine, die sich während ihrer Ehe mit Stefan »Li Wong« nannte. Suzie traf ihre Großmutter nur drei Mal, und weder über deren Vater Karl Bräuer, über den die Kunsthistorikerin eine Diplomarbeit schrieb (der eigentliche Anlass ihrer Begegnungen mit der Großmutter), noch über den koreanischen Vater ihres Sohnes und schon gar nicht über den Sohn selbst wollte sie mit der Enkelin sprechen.

Als Stefan Wong starb, wusste Suzie also kaum mehr als den Namen ihres Großvaters: Seo (ausgesprochen Sô) Yeong-hae oder Seu Ring-Hai, wie er in Frankreich seine Bücher und Artikel in der an das Chinesische angelehnten Schreibweise veröffentlichte. In ihrer Trauerrede bei Stefans Begräbnis am 18. Januar 2013 gelobte Suzie, der Spur des Großvaters folgen zu wollen, damit der Faden in der Familienbiografie nicht gerissen bleibt.

Einen Zipfel des Geheimnisses hatte Suzie schon vor Stefans Tod gelüftet, mitteilen konnte sie es ihm nicht mehr. Auf der Website des südkoreanischen Nationalmuseums in Seoul, der Hauptstadt Südkoreas, hatte sie eine Publikation mit dem Namen ihres Großvaters gefunden. Als Antwort auf ihre Bitte um weitere Angaben erhielt sie mehrere Seiten in koreanischer Sprache und Schrift. Erst als sie Monate später eine koreanische Kunststudentin kennenlernte, erfuhr sie, dass es sich um eine von dem Journalisten Won Heui-bog verfasste Kurzbiografie Seo-Yeong-haes aus dem Jahre 2014 handelte, in der dieser berichtete, Seo Yeong-hae sei auf Betreiben seines Neffen Seo Jeong-cheol 1995 posthum von der südkoreanischen Regierung zum Helden erklärt worden.

Mit einem Mal kamen die Dinge ins Rollen. Freunde von Suzie lernten zwei Asiatinnen kennen und als sie erfuhren, dass die beiden Koreanerinnen waren, arrangierten sie ein Treffen in einem Lokal im Wiener Augarten. Suzie gab einer der beiden, der Musikpädagogin Jinah Kim, den Artikel zu lesen, die sich tief beeindruckt zeigte und Suzie noch in derselben Nacht eine Mail schrieb, in der sie ihr und ihrer Familie für deren Leistungen für das koreanische Volk dankte. Suzie war baff, war sie sich doch keiner Leistung für das koreanische Volk bewusst. Jinah Kim gelang es, in aller Eile den koreanischen Journalisten Won Heui-bog zu kontaktieren, der

Suzie Wongs Großcousine Seo Hye-sug in ihrer Apotheke, Seoul, 2017

um Fotos und Informationen über die »Wiener Heldenfamilie« bat, die zwar Wong heißt, »in deren Adern aber kein Tropfen chinesisches Blut fließt«, wie er in dem Artikel, den er anlässlich des koreanischen Nationalfeiertags am 15. August 2019 schrieb, gleich im ersten Satz betont. Drei Tage nach Veröffentlichung des Artikels meldete sich Suzies Großcousine Seo Hye-sug, eine Apothekerin wie Yeong-haes Vater, und bald stellten Suzie und ihre Schwester Stefanie fest, dass sie in Südkorea eine große Verwandtschaft hatten, denn Seo Yeong-hae hatte neun Geschwister. Dass er in Österreich auch einen Sohn hatte, war seiner koreanischen Familie unbekannt.

Won Heui-bog machte die Schwestern Suzie und Stefanie Wong auf ein Symposium und eine Ausstellung über die koreanische Unabhängigkeitsbewegung, die 2016 in Paris stattfinden sollte, aufmerksam. Mit wenig Vorwissen über die Geschichte Koreas fuhr Stefanie in die französische Hauptstadt und lernte dort mehrere Koreanerinnen kennen, die »Heldenenkelinnen« genannt wurden, von der jungen Österreicherin bezaubert waren und sie unverzüglich unter ihre Fittiche nahmen.

Bald darauf erhielten auch Suzie und Stefanie vom südkoreanischen Staat den Ehrentitel »Heldenenkelinnen« zuerkannt. Als

Stefanie mit vier Heldenenkelinnen vor Seo Yeong-haes ehemaligem Haus in der rue Malebranche 7, Paris, 2016

Heldenenkelinnen des Freiheitskämpfers Seo Yeong-hae waren sie am 11. April 2019 auch Ehrengäste in Seoul, um zusammen mit den aus den USA, Russland, Kasachstan, Kuba, Mexiko, China, Australien und den Niederlanden angereisten Kindern und vor allem Enkelinnen und Enkeln koreanischer Freiheitskämpfer 100 Jahre koreanischen Unabhängigkeitskampf und 100 Jahre Exilregierung zu feiern. Tags darauf wurde im MBC-Tower in Seoul die Fotoausstellung »Coming Home« eröffnet, die über die Freiheitskämpfer und deren Nachkommen informierte, die außerhalb Koreas gelebt hatten und gestorben waren. Darunter befanden sich auch einige schöne Schwarzweißfotos von Suzie und Stefanie Wong.

Nachdem Suzie ihre Erzählung beendet hatte, musste ich erst einmal tief durchatmen. Was für eine Geschichte! Und das war ja wie gesagt erst der Anfang. Dann lachten wir. »Ja, natürlich, das machen wir! Wir werden gemeinsam der Spur von Stefan Wong folgen.« Immerhin hatten die handelnden Personen – wie Hänsel und Gretel auf ihrem Weg kleine weiße Steinchen – in Busan, Wien, Paris, Seoul, Shanghai, Ljubljana Spuren hinterlassen und »aufgepickte Brotkrümel« in Pjöngjang.

In Wiener Kaffeehäusern wurde im Lauf der Geschichte so manches ausgeheckt. Vielleicht schrieb Leo Trotzki in seiner Wiener Zeit zwischen 1907 und 1914 im Kaffeehaus die »Theoretische Wegbereitung einer zweiten russischen Revolution«. Historisch verbrieft ist seine Begegnung mit Josef Stalin 1913 in Wien, zweifelsohne in einem Kaffeehaus. Trotzkis bevorzugtes Lokal war das Café Central in der Herrengasse. Legendär ist der spätere Kommentar eines hohen österreichischen Staatsbeamten, der Meldungen über den Ausbruch der Oktoberrevolution 1917 mit der Bemerkung abtat: »Wer soll denn diese Revolution machen? Vielleicht der Herr Trotzki aus dem Café Central?« Frequentiert wurde das Café auch von Sigmund Freud, Stefan Zweig und Adolf Loos, um nur die Berühmtesten zu nennen. Im Café Museum am Karlsplatz wiederum, das damals noch Schmuddel-Look trug und noch kein Ort für Touristinnen und Touristen war, traf sich in den 1970ern meine Generation Revoluzzerinnen, die den Sturz des Patriarchats vorbereitete. Heute ist mein Lieblingscafé der Bräunerhof in der Stallburggasse, eine Vorliebe, die ich mit dem grantigen Schriftsteller Thomas Bernhard teile. Regelmäßig verkehrten dort auch Hugo von Hofmannsthal, Alfred Polgar, Paul Wittgenstein und der von Nazis ermordete Austrofaschist Engelbert Dollfuß.

Nun haben also auch Suzie Wong und ich im Café Eiles etwas ausgeheckt: die tragische Geschichte eines lebenslang Exilierten aufzuschreiben. Die Geschichte eines leidenschaftlichen Freiheitskämpfers und Antifaschisten, der sich nicht nur mit den japanischen Besatzern Koreas anlegte, sondern auch mit den Faschisten Deutschlands, Italiens und Spaniens. Und vermutlich auch mit dem Großen Führer Kim Il Sung. Die Geschichte eines patriotischen Internationalisten. Und die kurze Liebesgeschichte von Seo Yeong-hae und Elisabeth Bräuer, der Stefan und in weiterer Folge Suzie und Stefanie ihre Existenz verdanken. Wie viele lose Fäden wir miteinander verknüpfen können, wird sich weisen.

Elisabeth geht nach Paris

Im Frühsommer 1933 brachte die Wienerin Elisabeth Bräuer ihre Matura hinter sich. Vermutlich hatte Karl Bräuer gerade in jener Zeit wenig Muße, sich um die Zukunft seiner Tochter zu kümmern, weil er in Chicago für die Organisation einer Ausstellung über Kinderzeichnungen aus dem Hyrtl'schen Waisenhaus in Mödling verantwortlich war. Zur selben Zeit fand unter dem Motto »Science Finds, Industry Applies, Man Conforms« in Chicago die erste Tranche der zweiteiligen Weltausstellung statt, die Bräuer natürlich besuchte. Gewiss war er über Elisabeths Wunsch, in Paris zu studieren, nicht allzu glücklich, denn obwohl er im Rahmen seiner Arbeit als Architekt viel in der Welt herumkam, blieb er doch stets seiner Heimat Österreich eng verbunden. Aus Briefen an seinen Freund, den Architekten Philipp Häusler, geht hervor, dass er diesen zwar um seine kosmopolitische Lebensweise beneidete, er selbst könne aber nicht aus seiner Haut heraus. Doch wenn Häusler aus Frankfurt nach Wien kam, trafen sich die beiden stets ganz bieder im Café Wortner auf der Wiedner Hauptstraße. In einem Wiener Kaffeehaus fühlten und fühlen sich Heimatverbundene und Kosmopolitinnen und Kosmopoliten gleicherweise zu Hause.

Nehmen wir an, dass Elisabeth, die gewiss auch gern das Kaffeehaus besuchte, gleich nach den Sommerferien nach Paris ging und sich an der Académie de la Grande Chaumière im Herzen des legendären Viertels Montparnasse in den Klassen Malerei und Bühnenbild einschreiben ließ. Da die Kunstschule über kein Archiv verfügt, ist es leider nicht mehr möglich, die künstlerische Ausbildung von Elisabeth Bräuer genauer zurückzuverfolgen.

Die Académie de la Grande Chaumière ist bis heute ein mythischer Ort geblieben, der von berühmten Künsterinnen und Künstlern wie Alexander Calder, Tamara de Lempicka, Louise Bourgeois, Germaine Richier, Alberto Giacometti, Amedeo Modigliani, Serge Poliakoff und Joan Miró frequentiert wurde, und an dem Künst-

Tafel an der Académie de la Grande Chaumière, 2022

ler wie Antoine Emile Bourdelle, Jacques Emile Blanche, Othon Friesz, Lucien Simon, Fernand Léger, Ossip Zadkine und Charles Picart le Doux unterrichteten. Sie wurde 1904 von der Schweizer Künstlerin Martha Stettler als Akademie für Malerei und Skulptur gegründet, in der alle Kunstrichtungen gleichberechtigt ihren Platz finden sollten. Stettler lehnte die strengen akademischen Regeln der École des Beaux Arts ab. Zu Beginn, als die Akademie noch am Quai des Orfèvres untergebracht war, beteiligten sich an der Gründung namhafte Künstler wie Delacroix, Picasso, Cézanne und Manet. Die Akademie in der Rue de la Grande Chaumière 14 – der »Straße der großen strohgedeckten Hütte« – wurde eine offene Kunstschule. Es gab keine mehrjährigen Aufbaukurse, und man konnte sich für Wochen, Tage oder auch nur stundenweise einschreiben, um dann mit oder ohne Korrekturen einer Lehrkraft zu skizzieren. Beliebt waren die sogenannten »*Croquis à cinq minutes*« (Fünf-Minuten-Skizzen) am Abend, für die ein Modell alle fünf Minuten die Stellung wechselte. An den Vormittagen kamen bekannte Künstlerinnen und Künstler ebenso wie Menschen ohne Fachkenntnisse, um nach lebenden Modellen zu zeichnen und zu malen, wie es ihnen gerade passte. Im ersten Drittel des 20. Jahrhunderts war die Académie de la Grande Chaumière die berühmteste Kunstakademie von Paris.

Diese Schule war gewiss nach Elisabeth Bräuers Geschmack, die schon als Backfisch ein rebellischer Geist war. Und ehrgeizig obendrein. Ungeduldig hatte sie die Matura abgewartet, um endlich das Elternhaus zu verlassen.

Elisabeths Mutter Luise, geborene Faschingbauer, führte ein Geschäft für Mode und Modezubehör. Der ganze Stolz ihres Vaters, des Architekten Karl Bräuer, war es, fünfzehn Jahre mit dem berühmten Josef Hoffmann zusammengearbeitet zu haben – mit eben jenem Josef Hoffmann, der 1904 mit Kolo Moser die Wiener Werkstätte gründete. Zusammen mit Otto Wagner und Adolf Loos gilt Hoffmann heute als einer der bedeutendsten Architekten des frühen 20. Jahrhunderts. Das berühmte WW der Wiener Werkstätte hat ikonografischen Charakter, und die damals erzeugten Gegenstände werden heute zu horrenden Preisen gehandelt.

Ziel der Wiener Werkstätte war eine Ausweitung des Kunstbegriffs auf den Bereich des Kunstgewerbes und eine Verschönerung des Lebens durch von Künstlerinnen und Künstlern gestaltete Alltagsgegenstände. Es galt, der lieblosen, industriellen Nachahmung vergangener Stile schlichte, elegante Unikate entgegenzusetzen. Ob eine Teekanne, eine Vase, ein Stuhl oder ein Kleiderschrank, jeder Gebrauchsgegenstand wurde zu einem Kunstwerk erhoben. Alle Lebensbereiche sollten einheitlich durchgestaltet und einer neuen, modernen Kultur gerecht werden. Bis in die 1920er-Jahre eröffnete das Unternehmen Verkaufsfilialen an den besten Adressen in Wien und im Ausland und war doch zum Scheitern verurteilt. Vor allem wegen der hohen Preise der Produkte konnte die Wiener Werkstätte ihr soziales Anliegen, das Leben aller durch künstlerisch gestaltete Alltagsgegenstände und vor allem von Frauen entworfene Textilien zu verschönern, nicht erreichen. Bis zur endgültigen Schließung 1932 war man ständig auf die Unterstützung wohlhabender Mäzene oder Mäzeninnen angewiesen.

Der Deutsche Werkbund ging andere Wege, forderte schon ab 1907 eine Produktion auf der Grundlage industrieller Fertigung

Karl Bräuer, 1928

und diskutierte Standardisierung und Typisierung, Urheberrechte und Exportfragen. Der Architekt Philipp Häusler, ein guter Freund Karl Bräuers, versuchte, die Wiener Werkstätte finanziell zu retten, und schlug vor, die Ausführung der von den Künstlerinnen und Künstlern entworfenen Objekte der Industrie zu überlassen. Doch er scheiterte am Widerstand Josef Hoffmanns, der einen solchen Schritt aus Angst vor Qualitätseinbußen durch die Massenproduktion nicht mittragen wollte.

Ab 1905, also unmittelbar nach Gründung der Wiener Werkstätte, arbeitete Karl Bräuer als Architekt im Atelier Josef Hoffmann und wurde 1913 sein Assistent an der Kunstgewerbeschule. Sein ganzes Arbeitsleben hindurch blieb Bräuer aber auch der Fabrik von Carl Geylings Erben verbunden, für die er Glasfenster entwarf. Der 1880 verstorbene Carl Geyling, Bräuers Großvater mütterlicherseits, war zunächst als Landschaftsmaler tätig und erhielt 1840 den Auftrag, das kaiserliche Lustschloss Laxenburg mit Glasmalereien auszustatten, eine damals in Vergessenheit geratene Kunst. Ein Jahr später gründete er seine Firma, die es heute noch gibt. Sie führte farbenprächtige Auftragsarbeiten in Kirchen und Adelshäusern der österreichisch-ungarischen Monarchie aus, aber auch in Polen, Frankreich und Russland. Schon 1845 wurde Carl Geyling bei der österreichischen Gewerbe-Ausstellung als »einer der besten Glasmaler in Wien« bezeichnet und erhielt eine Bronzemedaille. Nach seinem Tod übernahm sein Neffe Rudolf Geyling die künstlerische Leitung der Glasmalereiwerkstätte. Er fertigte die Entwürfe für Glasgemälde im Wiener Stephansdom und in der Kirche Maria am Gestade an. Alle Vorfahren Karl Bräuers widmeten ihr Leben der Kunst. Carl Geylings Vater war Hofdekorationsmaler, sein älterer Bruder bemalte und restaurierte kirchliche und profane Gebäude, darunter die Deckengemälde im Redoutensaal der Wiener Hofburg und Werke im Schloss Schönbrunn. Sein zweiter Bruder Franz Geyling war Maler von historischen und religiösen Gemälden und Fresken.

Eine interessante Persönlichkeit aus der Geyling-Dynastie war Rolf Geyling, der 1952 verstorbene Sohn von Rudolf Geyling. Dem Wunsch der Familie entsprechend, sollte er die Laufbahn eines akademischen Malers ergreifen, er entschied sich aber für ein Architekturstudium. Schon kurz nach Ende seines Studiums erhielt er den Auftrag, für die Wiener Verkehrsbetriebe Betriebsbahnhöfe und Bedienstetenwohnhäuser zu errichten sowie Fahrkartenschalter und Haltestellen zu entwerfen. 1914 rückte er als Artillerist in den Krieg ein und geriet in russische Gefangenschaft. Im Lager in Sibirien fertigte er diverse architektonische Skizzen an und wurde zu Kriegsende ins Lager Wladiwostok verlegt, wo er als Architekt tätig sein konnte. Ein Lagerleiter, für den er ein Wohnhaus errichtete, verhalf ihm 1920 mit gefälschten Papieren zur Flucht nach China, wo er in Peitaiho, dem heutigen Beidaihe, einem der beliebtesten Badeorte Nordchinas, im Zuge einer groß angelegten Modernisierung mit der städtebaulichen Planung betraut wurde. Rolf Geyling war für das Straßennetz, die Gestaltung öffentlicher Gebäude und Hotels sowie des Villenviertels verantwortlich. Später weitete er seine Tätigkeit auf Tianjin aus, einem Handelszentrum und wichtigen Hafen von Beijing. Danach reiste er nach Wien, um seine Frau nach China zu holen, wo er bis an sein Lebensende lebte. Zum Zeitpunkt seines Todes umfasste sein Archiv rund

250 Projekte. Nach der kommunistischen Machtübernahme wurde Geyling enteignet, blieb jedoch in China und kämpfte vergeblich um seine Rehabilitierung. Schon zu Beginn seines Aufenthalts sammelte er chinesische Kunstgegenstände, die er im Laufe der Jahre an das Völkerkundemuseum (das heutige Weltmuseum), das Kunstgewerbemuseum und das Kunsthistorische Museum in Wien weiterleitete. Zurzeit wird Rolf Geylings Wirken in China wieder anerkannt. 2002 wurde das »Modern Tianjin and World Museum« gegründet, in dem eine Abteilung ausschließlich seinem Wirken gewidmet ist. In Wien soll er über seinen Bruder Remigius engen Kontakt zu dem Stararchitekten Otto Wagner gehabt und an etlichen Stadtbahnstationen mitgewirkt haben, die der Wiener Stadtbahn mit ihrer erlesenen Eleganz die Bezeichnung »Gesamtkunstwerk« eingebracht haben.

Mit diesem Hintergrund im Rücken ist es kein Wunder, dass Karl Bräuers einzige Tochter Elisabeth schon früh einen Hang zur Kunst verspürte, keineswegs zur Überraschung ihrer Eltern. In deren Wohnung in der Sechshauserstraße 19 im 15. Wiener Bezirk, die durchdrungen war vom eleganten und elitären Hauch der Wiener Werkstätte und in der höchster Wert auf gediegene handwerkliche Qualität gelegt wurde, gingen namhafte Künstlerinnen und Künstler ein und aus. Außerhalb des Hauses jedoch bestimmten Arbeitslosigkeit, Not und soziale Absturzgefahr die gesellschaftliche Stimmung. Gerade in der Haltung zum Urbanen zeigten sich in Österreich tiefe weltanschauliche Risse: Heimatkult gegen Großstadtkultur, Scholle gegen Asphalt. Ab 1930 spitzten sich die politischen Gegensätze zu. Das »Rote Wien« bildete den Gegenpol zum konservativen Alpen-Österreich. Doch die faschistischen Tendenzen hatten Rückenwind, Antisemitismus wurde eine Konstante des öffentlichen Lebens. Generell war es aber schon in den 1920er-Jahren in der österreichischen Kunst zu einer Verengung gekommen. Das Kulturleben litt unter dem Bedeutungsverlust der Metropole Wien nach 1918. Versuche, radikal Neues durchzusetzen, scheiterten.

Als Elisabeth 1933 maturierte, war Adolf Hitler im Nachbarland bereits Reichskanzler und warf einen langen Schatten auf das kleine »Deutschösterreich«. In der Bevölkerung war das »Dritte

Reich« nicht unbeliebt. Am 4. März 1933 nutzte der christlichsoziale Bundeskanzler Engelbert Dollfuß eine parlamentarische Geschäftsordnungskrise zu einem Staatsstreich, und Bundespräsident Miklas blieb untätig. Nach der Ausschaltung des Parlaments regierte Dollfuß auf der Grundlage des Kriegswirtschaftlichen Ermächtigungsgesetzes aus dem Ersten Weltkrieg, das ihm außerordentliche Vollmachten verlieh. Schritt für Schritt wurden Freiheit und Demokratie abgewürgt. Keine angenehme Atmosphäre für den Aufbruch eines jungen Mädchens in ein Künstlerinnenleben. 1933 war die Weltwirtschaftskrise in vollem Gang, sodass Karl Bräuer, der nach Schließung der Wiener Werkstätte als selbständiger Architekt arbeitete und sich selbst um Aufträge kümmern musste, gewiss nicht wohlhabend war, und auch das Modewarengeschäft seiner Frau florierte nicht wie einst. Aber ihrer einzigen Tochter, die unbedingt nach Paris wollte, konnten sie nichts abschlagen. So war es schon immer gewesen. Elisabeth hatte einen starken Willen.

Auch in Frankreich schnürte die Weltwirtschaftskrise das Leben der Menschen ein, doch in Paris ließ sich die internationale Künstlerinnen- und Künstlerszene von Montparnasse und Montmartre noch nicht beirren. Josephine Baker, Simone de Beauvoir, Anaïs Nin, Man Ray, Gertrude Stein, die Mistinguett, Django Reinhard, Jean Cocteau, Cole Porter, Scott Fitzgerald und Henry Miller, um nur einige zu nennen, tanzten auf dem Vulkan. Die deutschen Schriftstellerinnen und Schriftsteller, die Frankreich als ihr Exilland gewählt hatten, fühlten sich schon wesentlich bedrückter, waren doch die Bücher von Heinrich Mann, Walter Mehring, Joseph Roth, Lion Feuchtwanger, Klaus Mann, Anna Seghers, Alfred Kantorowicz, Ludwig Marcuse und vielen anderen am 10. Mai 1933 am Berliner Opernplatz verbrannt worden.

Elisabeth Bräuer wollte nichts mehr wissen vom immer spießiger werdenden Österreich und auch nichts vom »gediegenen Handwerk« der verblichenen Wiener Werkstätte. Sie gelüstete es nach einem wilden, freien Leben. Als Studentin der Académie de la Grande Chaumière geriet sie mitten hinein ins Herz des vom Jazz berauschten Viertels Montparnasse.

Eine folgenschwere Begegnung

Ein milder Frühsommertag in Paris. Alle, die sich tagsüber Zeit nehmen können, treibt es nach draußen. Da bisweilen immer noch eine frische Brise über die Stadt fegt, trägt Elisabeth ein braunes Tweed-Kostüm. Die Jacke hat sie über die Knie gelegt. Sie sitzt im Rosengarten des Jardin du Luxembourg am Teich und liest ein Buch: »Gilgi, eine von uns« von Irmgard Keun. Ein Roman wie geschaffen für Elisabeth, die wie Gilgi aus ihrer Familie ausgebrochen ist und in schwierigen Zeiten ihren eigenen Weg sucht, abseits von gesellschaftlichen Konventionen. Doch als Gilgi in Keuns Roman den Bohemien Martin Bruck kennenlernt, verliert sie sich in die Liebe, die bald zu einer quälenden Abhängigkeit wird. Wie sehr die elegante und rotzig selbstbewusste Gilgi Elisabeth auch beeindruckt, sie selbst würde sich niemals so tief in eine Liebe fallen lassen. Aber sie ist in Paris. Überall küssen sich die Paare. Es scheint fast, als seien sie von einem Impresario angeheuert worden, um den Touristinnen und Touristen auf allen Parkbänken den Ruf von Paris als Stadt der Liebe vorzuführen. Elisabeth ist allein und findet das schade.

Ein junger Mann, um einiges älter als Elisabeth, aber eben doch noch halbwegs jung, setzt sich in ihre Nähe, wahrt jedoch den Respektabstand von einem Stuhl. Er trägt einen dunkelgrauen Anzug, eine silbergraue Krawatte, und in seinem Hemdkragen stecken silberne Kragenstecker, die hinter der Krawatte mit einem Kettchen verbunden sind. Er öffnet seine Zeitung, rückt seine Brille mit der schwarzen Fassung zurecht und vertieft sich. Die auffallend konservative Eleganz des Mannes mit dem glänzenden schwarzen Haar belustigt Elisabeth, erregt aber auch ihre Neugier. Sie linst nach rechts und sieht, dass die Zeitung mit asiatischen Schriftzeichen überzogen ist. Chinesisch, Japanisch? Das macht sie noch neugieriger. In Wien ist sie noch nie einem Asiaten begegnet.

Es kommt, wie es kommen muss. Seo Yeong-hae kann nicht umhin, das Interesse des jungen Mädchens zu bemerken. Er rückt um einen Stuhl näher, natürlich nachdem er sie zuvor höflich um Erlaubnis gefragt hat. Als er aufsteht, zeigt sich, dass er sehr klein ist, ungewöhnlich klein. Elisabeth ist überrascht, wie weich sein Französisch klingt. Er wiederum ist entzückt, als er erfährt, dass sie Wienerin ist. Erst vor Kurzem hat sein in den USA lebender koreanischer Freund Syngman Rhee bei einer Tagung des Völkerbundes, zu der Seo ihn begleitete, in einem Genfer Hotel die Wiener »Belle de la Société des Nations« Franziska Donner aus Wien-Inzersdorf kennengelernt, die dort als eine Mischung aus Dolmetscherin, Diplomatin und Hostess tätig war. Syngman Rhee war nach Genf gereist, um sich beim Völkerbund um Unterstützung für die koreanische Unabhängigkeitsbewegung einzusetzen. Zwischen ihm und Franziska liegen 25 Jahre, und doch haben sie sich so sehr ineinander verliebt, dass Rhee sie schon kurz darauf in Österreich besuchte und der attraktiven Tochter einer italienischen Mutter und eines österreichischen Stahlhändlers einen Heiratsantrag machte.

Der asiatische Mann, der sich als Koreaner zu erkennen gibt, erzählt dem jungen Mädchen aus Wien die Geschichte von Syngman und Franziska. Ein Anknüpfungspunkt ist gefunden. »Wir könnten es ihnen nachmachen«, sagt er schmunzelnd, sie weiß, dass es nicht ernst gemeint ist. Doch dieser scherzhafte Anflug eines Flirts verbindet. Sie sind neugierig aufeinander. Er heißt Seo Yeong-hae und ist Journalist, Neugier ist bei ihm also eine *déformation professionelle*, und Elisabeth ist lebenshungrig, greift gierig nach allem, was ihr vor die Füße fällt. Einem Koreaner ist sie noch nie begegnet, sie weiß nicht einmal genau, wo dieses exotische Land liegt, wahrscheinlich irgendwo in der Nähe von Japan.

Sie haben einander viel zu erzählen. In beiden Ländern brodelt es. In Wien herrscht seit März 1933 das faschistische Regime von Engelbert Dollfuß, das Kommunistinnen und Kommunisten und bald auch Sozialdemokratinnen und Sozialdemokraten gnadenlos verfolgt. Schon im Juli 1927 hatte die Wiener Polizei bei einer linken Demonstration ein Massaker verübt, bei dem fast neunzig Menschen ums Leben gekommen waren. Nur vier Tage, nachdem in Berlin die Bücher gebrannt hatten, hatte in Wien eine vom Heimatschutz initiierte »Türkenbefreiungsfeier« stattgefunden. Dr. Brandl, der zum Nationalsozialismus übergewechselte ehemalige Polizeipräsident Wiens, hatte im Konzerthaussaal vor seinen neuen 3.000 Anhängerrinnen und Anhängern einen Vortrag über »Wien als Bollwerk gegen den Kommunismus« gehalten. Die Türken symbolisierten für ihn den Kommunismus. Wie die Zeit der Türkenbefreiung 1683 ein Wendepunkt in der Geschichte des Deutschtums gewesen sei, so sei jetzt wieder ein solcher Wendepunkt eingetreten, bellte er.

Elisabeth hat sich damals mit ihrem Vater darüber unterhalten. Man ist bei den Bräuers zwar nicht überaus politisch, aber schon allein aus ästhetischen Gründen ekelt sich die Familie vor dem »Österreich erwache«-Kulturkampf des Austrofaschismus und umso mehr noch vor den Nazis und ihrer Rohheit. Elisabeth erzählt dem Koreaner von den aus Mitteln der Wiener Wohnbausteuer errichteten Gemeindebauten, die seit den 1920er-Jahren im »Roten Wien« entstanden sind – moderne, architektonisch interessante und erschwingliche Wohnungen für die arbeitende Bevölkerung. Damit ist jetzt Schluss. Nun gibt es ein Versammlungs- und Demonstrationsverbot, und die Zeitungen unterliegen der Zensur. Eine Petition von über einer Million Stimmberechtigten, die die Wiedereinberufung des Parlaments verlangte, blieb unberücksichtigt. Österreich hat den Weg in einen autoritären Ständestaat nach dem Vorbild des faschistischen Italien beschritten. Am 10. Mai 1933 wurde die Aussetzung aller Wahlen auf Bundes-, Landes- und Gemeindeebene verordnet.

»Ich bin froh, dass ich in Paris bin!«, seufzt Elisabeth Bräuer und blickt voller Wohlgefallen auf den glitzernden Teich vor ihr.

Seo Yeong-hae fühlt sich zwar auch wohl in Paris, froh ist er aber nicht. Schon zu lange lebt er im Exil. Seine Eltern sind gestorben, ohne dass er an ihrem Begräbnis teilnehmen konnte, und es fehlen ihm seine Geschwister. Die jüngeren würde er wohl gar nicht mehr wiedererkennen. Und er liebt sein Land und die freundlichen Menschen, die im Lauf der Geschichte immer wieder der brutalen Gewalt ihrer Nachbarn zum Opfer gefallen sind. Es fehlt ihm der Buddhismus, dessen Philosophie der Achtsamkeit und Gerechtigkeit seit vierzehn Jahrhunderten das nationale Bewusstsein der koreanischen Bevölkerung prägt – eine Religion für alle, anders als der aus China importierte Konfuzianismus, der vor allem intellektuelle und politische Kreise anspricht. Seo Yeong-hae fehlt auch die koreanische Musik, ihre Vielfalt an Instrumenten, die Oboe, der Gong, die Stundenglastrommel, die Bronzeglocken, die Mundorgel. Und es fehlt ihm der Austausch mit Gleichgesinnten in seiner Muttersprache. In Frankreich weiß man nichts über Korea und interessiert sich auch kaum dafür, zu sehr ist man mit den bestürzenden Ereignissen in Europa beschäftigt, in Deutschland, Italien, Österreich. Ohne Unterlass quält Seo der Gedanke, dass Korea mit seiner jahrtausendealten Kultur seit 1910 von der japanischen Besatzungsmacht geknechtet wird, betrachtet als eine Kolonie Japans mit dem Namen Joseon, ausgelöscht von der Landkarte. Und er kann nichts anderes tun, als dagegen anzuschreiben. Das immerhin.

»Warum haben Sie Korea so jung verlassen?«, will Elisabeth Bräuer wissen. »Das erzähle ich Ihnen ein andermal«, antwortet Seo ausweichend, wohl wissend, wie schwierig es ist, europäischen Menschen die Lage Koreas zu erklären, ohne sich in Einzelheiten zu verlieren, welche die Leute rasch langweilen. Sie stellen zwar Fragen, aber allzu genau wollen sie es dann doch nicht wissen. Und Seo neigt dazu, sich in Einzelheiten zu verlieren, zu sehr liegt ihm die geknebelte Freiheit seines Landes am Herzen. Nicht ohne Grund hat er wenige Jahre zuvor das Buch *Autour d'une Vie Coréenne* (Ein koreanisches Leben) geschrieben und unter großen Opfern im Eigenverlag herausgegeben. Es war der Versuch, dem französischen Publikum in romanhafter Form den Freiheitskampf des koreanischen Volkes gegen die japanische Besatzung und ein kleines Stück koreanischer Kultur nahezubringen.

Aber vorerst will er begreifen, was ihn an dieser jungen Österreicherin anzieht. Seo Yeong-hae gefällt die lässige junge Frau, die ihm direkt in die Augen schaut und ihn mit unverhohlener Neugier misst. Wie anders ist sie als die jungen Mädchen in seiner Heimat, die vor jedem Mann züchtig die Augen senken und sich die Hand vor den Mund halten, wenn sie kichern. Es ist klar, dass Elisabeth weiß, was sie will. Die Mädchen in Seos Heimat scheinen nichts anderes im Kopf zu haben, als sich einen – bevorzugt wohlhabenden – Mann ihrer gesellschaftlichen Stellung zu angeln und Kinder zu bekommen. Es ist angenehm, sich angstfrei einer jungen Frau zu nähern, die nicht darauf erpicht ist, ihn an sich zu binden. Es gibt ihm ein Gefühl von Freiheit und Leichtigkeit. Wie kann er wissen, wie sich sein Leben entwickeln wird? Irgendwann wird sein Exil wohl zu Ende gehen. Und was dann mit einer Europäerin, die sich an ihn gehängt hat?

Elisabeth wiederum gefällt die glatte, braune Haut des kleinen fremdländischen Mannes. Mit seinen kurzsichtigen Augen hinter der runden Brille sieht er sehr intellektuell aus, und das ist er ja auch. Ein halbes Dutzend Sprachen beherrscht er, hat er durchblicken lassen! Ein bisschen steif ist er schon, in seinem eng geschnittenen Anzug mit dem weißen Taschentuch in der Brusttasche, aber gerade das ermöglicht es Elisabeth, ihre forsche, sarkastische Seite hervorzukehren – auf die er durchaus eingeht, denn er ist nicht ohne Humor, das merkt sie gleich, auch wenn stets ein Zug von Traurigkeit in seinen Blick liegt.

Da sind sie also nun aufeinandergestoßen, die freiwillige Exilantin auf Zeit und der wider Willen Geflüchtete, der seit über fünfzehn Jahren im französischen Exil festsitzt. Und sie kommen einander näher. Gemeinsam ist ihnen die Begeisterung für Frankreich und insbesondere für Paris. Elisabeth bewohnt ein Untermietzimmer in der Nähe ihrer Kunstschule, Seo Yeong-hae hat unweit des Panthéon im obersten Stock eines Hauses in der rue Malebranche 7 eine kleine Wohnung mit Toilette am Gang. Bestimmt treffen sie sich dort. In der mit Büchern überladenen Enge fühlt sich Elisabeth wohl. Und wie eine Skulptur von Brâncuşi, wenn der Museumswärter des Musée National d'Art Moderne gerade wegschaut, liebt sie es, die glatte Brust ihres melancholischen Geliebten zu streicheln.

So kann es gewesen sein.

In welchem Jahr genau sich die beiden begegneten, wissen wir nicht. Fest steht, dass sie am 11. Februar 1937 im Steinsaal eben jenes Wiener Rathauses, in dem Suzie Wong heute in der Wienbibliothek arbeitet, in Anwesenheit von Elisabeths Eltern die standesamtliche Ehe eingingen. Eine Hochzeitsurkunde liegt nicht vor, doch in den Hochzeitsbüchern des Wiener Stadt- und Landesarchivs ist die Trauung der beiden verzeichnet. Wahrscheinlich erfolgte die Eheschließung auf Seos Wunsch, denn die koreanische Kultur war

Seo auf einem Boot

Elisabeth Bräuer

(und ist) puritanisch, außereheliche Beziehungen waren in Korea äußerst selten, und Yeong-hae war ein sehr ernsthafter junger Mann.

Mit ihrem vollständigen Namen heißt Elisabeth Bräuer nach der Heirat nun Elisabeth Hermine Luise Seu, denn in Frankreich nennt sich ihr Mann Seu Ring-Hai. Wien, die Stadt der Familie seiner Frau und der Gattin seines Freundes Syngman Rhee, Franziska Donner, die diesen schon 1934 in New York geehelicht hat, gefällt Seo Yeong-hae. Nun haben die beiden ungleichen Koreaner neben dem Einsatz für die Unabhängigkeit ihres Landes auch noch jeder eine österreichische Frau! Und mit Begeisterung beginnt Seo sein Deutsch auszuprobieren, das er schon im Lycée von Beauvais zu lernen begonnen hat. Es ist seine siebente Sprache.

Was für eine nüchterne Angelegenheit, schmunzelt Yeong-hae während der standesamtlichen Trauung im Wiener Rathaus in sich hinein und erinnert sich an die Hochzeit seiner Cousine, der er als Kind im Dorf Liang-San in der südkoreanischen Provinz Gyeongsang beigewohnt hat. Die Braut war siebzehn und hatte ihren künftigen Mann noch nie gesehen. Schön und intelligent sei er, hatte ihr die Mutter versichert. Yeong-hae weiß, dass sich Europäer eine solche Eheschließung nicht vorstellen können und hat deshalb in seinem Buch *Autour d'une Vie Coréenne* die Hochzeit seiner Cousine genau beschrieben.

Im alten Korea hielten die Eltern eines jungen Mannes zeitgerecht nach einem heiratsfähigen jungen Mädchen Ausschau. Wichtig war vor allem, dass der soziale Rang der jungen Frau zu dem ihres Sohnes passte. Hatten sich die beiden Elternpaare geeinigt, gab es viel zu organisieren. Und während dieser ganzen Vorbereitungszeit wusste die künftige Braut nicht, wer der Glückliche war. Überdies waren die meisten Mädchen auch noch in Seos Kindheit so scheu, dass ihnen die bloße Erwähnung ihrer bevorstehenden Hochzeit die Schamesröte ins Gesicht trieb.

Am Morgen nach der Ankunft im Haus der Braut, erinnert sich Yeong-hae, war jeder Winkel mit farbenprächtigen Kunstblumen geschmückt und im Hof türmten sich auf einem langen Tisch Blumen und üppige Gerichte. Gegen elf Uhr traf der Bräutigam ein. Frauen bildeten ein Spalier und machten mit Glocken und Glöckchen einen Heidenlärm. Fünf Pferde mit prächtig herausgeputzten

Reitern hielten Einzug, allen voran der Vater des Bräutigams, dahinter sein in blaue Seide gewandeter Sohn, auf dem Kopf ein hoher schwarzer Hut mit zwei Flügeln. In der Hand trug er einen Fächer, mit dem er sein Gesicht verbarg. Er musste sich an ein Ende des Tisches stellen, worauf die grollende Stimme eines bedeutenden Familienmitglieds rief: »Es erscheine die Braut!« Gehüllt in einen weißen Schleier wurde diese von zwei Frauen hereingeführt. Sie stellte sich ans andere Ende des Tisches. Nun reichte man dem Bräutigam ein Glas Wein, aus dem er einige Tropfen trank. Danach tat die Braut dasselbe. Damit war die Zeremonie zu Ende.

Am Nachmittag führte der Bräutigam die Braut zu sich, von vier Männern in einer prächtigen Sänfte getragen, während der Bräutigam zu Pferd folgte. Das eigentliche Fest, an dem Freundinnen und Freunde und Leute aus der Nachbarschaft teilnahmen, dauerte zwei volle Tage. Am Morgen nach der Hochzeitsnacht, über die Yeong-hae natürlich nichts erfuhr, fand im Haus eine kleine, intime Feier statt. Unverheiratete Mädchen trugen im damaligen Korea einen Zopf, der ihnen über den Rücken fiel. Am Morgen danach band der frischgebackene Ehemann seiner jungen Frau den Zopf im Nacken zu einem Knoten. Nun waren sie vor aller Augen Mann und Frau.

Ach, wie lang ist das her! Was für eine andere Welt! Doch Seo verfing sich nicht in nostalgischer Träumerei. Noch in Shanghai, als er Schüler war, hatte sein väterlicher Lehrer, Kim Gu, mit ihm über die ungerechte koreanische Tradition gesprochen, ein Mädchen schon als Kind einem ihm völlig fremden Mann zu versprechen – eine Tradition, die seiner Meinung nach gegen das Menschenrecht verstieß. Kim Gu selbst heiratete im Alter von über dreißig Jahren die achtzehnjährige Choe Jun-rye, die er nicht nur vor der Eheschließung kennengelernt und gesprochen hatte, sondern die sich aus freien Stücken für ihn entschieden und es ablehnt hatte, den von ihrer Mutter in ihrer Kindheit ausgesuchten Mann zu akzeptieren. Kim gefiel das, doch in der christlichen Kirchengemeinde, in der die Mutter der Braut tätig war, verursachte dieser emanzipatorische Schritt große Irritation. Auch Kims Umfeld riet ihm von dieser Heirat ab. Aber die beiden ließen sich nicht beirren, und nach der Verlobung schickte Kim seine Braut sogar nach Seoul zur

Schule. Er selbst war Lehrer und Aktivist der Bildungsbewegung und wollte mit einer gebildeten Frau verheiratet sein. Yeong-hae war also auf die Freiheit der Europäerinnen einigermaßen vorbereitet.

Auch politisch richtete er seinen Blick nicht nur auf Korea, sondern verfolgte aufmerksam das beunruhigende Weltgeschehen. Während Nazideutschland sich als Garant des Friedens gerierte, massakrieren im spanischen Málaga Franco-Truppen an die 10.000 Menschen. Eine Massenflucht setzt ein. In Österreich diskutiert man derweil über die Restauration der Monarchie, wenn auch innerhalb der durch den Vertrag von Versailles gezogenen Grenzen.

Bis zum »Anschluss« bleibt dafür allerdings wenig Zeit.

서영해
Kindheit und Jugend des Seo Yeong-hae

Blättern wir im Kalender zurück zum Anfang des grausamen 20. Jahrhunderts: Seo Yeong-hae wurde am 13. Januar 1902 als viertes Kind seiner Eltern in der Stadt Busan im Süden Koreas geboren. Sein eigentlicher Vorname war Heui-su, den er als Jugendlicher in Yeong-hae änderte, um sich vor der japanischen Polizei unkenntlich zu machen. Der Einfachheit halber nennen wir ihn gleich Yeong-hae, um Verwirrungen mit den ohnehin für uns schwer zu merkenden koreanischen Namen vorzubeugen.

Yeong-haes Vater Seo Seog-ju war ein anerkannter, auf traditionelle asiatische Medizin spezialisierter Pharmazeut. Er besaß im chinesischen Viertel von Busan eine Apotheke namens Seo-Yag-bang, die vor allem für ein Medikament gegen Cholera berühmt war, das er aus einer giftigen Eisenhut-Pflanze herstellte. Busan, nur von einer schmalen Meerenge von Japan getrennt, wo die Cholera seit 1879 grassierte, wurde ab den 1920ern von der Epidemie heimgesucht. Zwischen Juni und November 1920 erkrankten 24.000 Personen, von denen mehr als die Hälfte starb. Vorbeugende Medikamente gab es damals nicht, und die meisten Koreanerinnen und Koreaner verließen sich auf Zauberei. Man erzählte sich, dass die Leute vor Seos Apotheke Schlange standen, um das Medikament zu kaufen. Seo Seog-ju schuf auch für von der Fäulnis befallene Patientinnen und Patienten in einem tiefen Wald die erste Quarantänestation Busans. Seine auf Pflanzenheilkunde basierende Medizin machte ihn zu einem wohlhabenden Mann, der seiner großen Familie ein Leben in Wohlstand bieten konnte.

Yeong-haes Vater, Seo Seog-ju (1856–1925)

Über Yeong-haes Mutter Kim Chae-bong wissen wir nichts weiter, als dass sie acht Söhne und zwei Töchter zur Welt brachte, mit denen sie gewiss genügend zu tun hatte.

Schon im Alter von drei Jahren besuchte Yeong-hae eine traditionelle Schule und konnte als Vierjähriger das Buch *Chunjamun* lesen, ein chinesisches Gedicht, das genau 1.000 chinesische Schriftzeichen enthält und dazu diente, Kindern das Lesen beizubringen. Einige Jahre lang besuchte Yeong-hae die chinesische und danach die öffentliche Schule von Busan, die er im Alter von sechzehn Jahren abschloss.

Trotz ihres Wohlstands gehörte die Familie Seo – innerhalb des jahrtausendealten, eigentlich 1894 abgeschafften, aber immer noch gültigen Klassensystems Koreas – der Klasse der *Sangnom* an, der untersten Klasse der gewöhnlichen Menschen, die niemals in die Klasse der *Yangban* aufsteigen konnten, aus der sich die Beamten rekrutierten – schon allein deshalb nicht, weil sie vor 1894 nicht das Recht hatten, eine höhere Schule zu besuchen.

Yeong-haes Mutter, Kim Chae-bong (1864–1936)

»Warum gibt es zwischen den Menschen so viel Ungerechtigkeit und Ungleichheit, wo doch alle Menschen gleich sind?«, fragt Seos Alter Ego Bac Sontcho in seinem Buch *Autour d'une Vie Coréenne* seine wohlhabenden Eltern als hellwacher Zehnjähriger, der von seinen Spielgefährten der privilegierten Klasse verachtet wird. Mit Tränen in den Augen antworten diese: »Weil es auf der Welt zwei Kategorien Menschen gibt: die *Yangban* und die *Sangnom.* Wir sind für immer dazu verurteilt, von den *Yangban* gedemütigt zu werden.« Bac Sontcho und mit ihm sein Schöpfer sind entschlossen, dieses Weltbild zu verändern.

Busan, am südöstlichen Ende der koreanischen Halbinsel, war zum Zeitpunkt von Yeong-haes Geburt ein Hafenstädtchen an der Küste des japanischen Meers. Heute ist es mit einer Bevölkerung von nahezu fünf Millionen nach Seoul die zweitgrößte Metropole Südkoreas und mit seinem Sandstrand direkt vor der Stadt ein beliebtes Ziel für Touristinnen und Touristen. Seit dem 17. Jahrhundert war das Leben in Busan vom friedlichen Handel mit Japan bestimmt, der erst ab dem 19. Jahrhundert durch die imperialen Bestrebungen

Japans gestört wurde. 1910 schließlich wurde Korea als »Generalgouvernement Joseon« ganz in das japanische Kaiserreich eingegliedert. Während der japanischen Besatzung wurde der Osthafen errichtet, der heute einer der größten Häfen der Welt ist, und es entstanden neue Fabriken und Wohngebiete. Die Stadt expandierte, der Handel blühte, wenn auch um den Preis kolonialer Unterdrückung. Immer mehr japanische Geschäftsleute zogen nach Korea. 1935 waren 45 Prozent der Stadtbevölkerung japanisch und nicht besonders beliebt.

In den Ferien verbrachte Yeong-hae mehrere Wochen bei seinen Großeltern in einem Dorf am Fuß eines mit uralten Kiefern bewachsenen Berges. Besonders seine Großmutter, von derem massigen Körper er sich beschützt fühlte, liebte er sehr. Sie führte im Haus ein strenges Regiment und achtete peinlich genau darauf, dass auf dem Fußboden nach dem Essen kein einziges Reis- oder Weizenkorn liegen blieb. Das Dorf war klein, hatte nicht mehr als tausend Einwohnerinnen und Einwohner, die in verstreuten, strohbedeckten Hütten lebten, miteinander verbunden durch eine Unzahl gewundener Gässchen. Nur die etwas abgelegene Schule hatte ein Pagodendach aus Schiefer. Dort trafen sich die alten Männer des Dorfs zum täglichen Schwatz. Unweit der Schule befand sich eine von einer Trauerweide beschattete Quelle, wo die jungen Mädchen Wasser in ihre Behältnisse füllten und sie auf dem Kopf nach Hause balancierten. Auch für sie war dort der Ort für eine fröhliche Plauderei, denn zu Hause hatten Mädchen den Mund zu halten.

Wie die meisten anderen Familien wohnten Yeong-haes Großeltern in einer Gruppierung von Hütten, die durch eine Mauer von der Außenwelt abgeschirmt war. Das aus fünf um einen Hof angeordneten Hütten bestehende Heim der Großeltern befand sich in der Mitte des Dorfes und wurde von zwei großen, langhaarigen Hunden bewacht, die wütend bellten, sobald sich eine fremde Person näherte, aber durch ein Wort des Großvaters zum Schweigen gebracht wurden. Das männliche Familienoberhaupt bewohnte die »Hütte des Ehemannes«, seine Frau war die Herrin des »inneren Hofes«. Männliche Besucher durften diesen Bereich nur mit ihrer Einwilligung betreten. Zugelassen wurden enge Vertraute der Familie oder Verwandte der Herrin. Auf jeden Fall mussten sie die

Schuhe ausziehen, denn niemals betritt man in Korea ein Zimmer in Straßenschuhen. Der Fußboden war hart und glänzend poliert, auf ihm aß man auf Kissen sitzend an kleinen Tischchen und schlief nachts auf aufgerollten dicken Decken. Der Boden bestand nicht aus Holzdielen, sondern aus Stein und Lehm, unter dem ein kohle- oder holzbefeuertes Leitungsnetz den Fußboden angenehm temperierte. Was an der Oberfläche glänzte, war das gewachste Seidenpapier, das mit Reisklebstoff undurchlässig an den Boden geklebt war.

Der fast siebzigjährige Großvater mit seinem langen weißen Bart war eine ehrfurchtgebietende Erscheinung, für das Stadtkind Yeong-hae aber auch irgendwie komisch, denn er trug auf dem Scheitel seines kahlen Kopfes einen winzigen Dutt. Der früher als Symbol koreanischer Männlichkeit geltende Santu war Ende des 19. Jahrhunderts von der von den Japanern eingesetzten Regierung gegen den teils gewaltsamen Widerstand der Bevölkerung abgeschafft worden, auf dem Land jedoch beharrten die alten Männer immer noch stolz auf dieser uralten Tradition. Der spätere Präsident der Provisorischen Regierung der Republik Korea, Kim Gu, erinnerte sich, dass ihm in den Gassen von Pjöngjang niedere Beamte begegnet waren, die sich dieser Prozedur bereits unterzogen hatten und nun ihrerseits Passanten auflauerten, denen sie die Haare abzuschneiden hatten. Etliche Männer versteckten sich in den Feldern und Wäldern, um dieser Schmach zu entgehen. In Yeong-haes Kindheit sah man den Dutt nur noch auf dem Land auf dem Kopf sehr alter Männer. Wenn der Enkel bei den Mahlzeiten den Großvater mit seinem Dutt sah, musste er manchmal unkontrolliert kichern. Dann schämte er sich und vergrub sein Gesicht im mächtigen Busen seiner Großmutter, an deren Seite er immer saß, damit sie ihm beim Essen mit den Bambusstäbchen zur Hand gehen konnte.

Ach das Essen! Was für ein Festmahl wurde am Tag der Ankunft von Yeong-haes Familie bereitet! Wie stets in Wasser gekochter Reis als Grundlage, eine Terrine Suppe mit Gemüse und Hackfleisch, zwei Schüsseln mit verschiedenen Gemüsen, ein Teller mit Grillfleisch, ein Teller mit gebratenem Fisch, alles schön zubereitet und mit der Schere in mundgerechte kleine Stücke geschnitten. Kaum hatte eine Person ihre Suppenschüssel geleert, war die Magd zur Stelle, um heißen Tee zu servieren. Nachdem sie die Teller aller abgeräumt hatte, verschwand sie und kehrte erst nach Ende des Mahls zurück. Es gab täglich drei Mahlzeiten, die wichtigste am Morgen zwischen acht und neun. Zu Mittag begnügte man sich meistens mit einer kalten Mahlzeit, die auf Koreanisch *Jumsim* heißt, eine »Spur im Magen«.

Als Yeong-hae acht Jahre alt war, starb der Großvater, und die ganze Familie reiste ins Dorf. Drei Tage hindurch traf im Haus des Verstorbenen ein ununterbrochener Strom von Familienangehörigen und Verwandten ein. Sie stießen traurige, rhythmische Klagerufe aus, die fast wie Gesang klangen. Der Tote lag aufgebahrt auf einem mit bestickter Seide bezogenen Bett. Stets von Klagerufen begleitet, wurde er schließlich auf einem provisorischen Friedhof begraben. Danach suchte ein Geologe in den umliegenden Bergen nach einer geeigneten Ruhestätte für die Ewigkeit. Meistens hatte er schon Plätze im Angebot, die mitunter auch weit entfernt waren. Wichtig war, dass niemand davon erfuhr. Hatte man sich entschieden und den Preis ausgehandelt, begab sich die Familie mit dem Sarg mitten in der Nacht wie eine Diebesbande an die Stelle. Es konnte vorkommen, dass die gewählte Stätte Eigentum einer Person war, der das durchaus nicht recht war, die sich aber dennoch respektvoll fügte, denn in Korea ist der Tod eine heilige und unantastbare Angelegenheit. Als Dank für sein Entgegenkommen erhielt der Eigentümer von den Trauernden Geschenke oder, wenn auch seltener, ein pekuniäres Entgelt. Nach vollzogener Transaktion entstand zwischen den beiden Familien eine enge Freundschaft, die sich über Generationen fortsetzen konnte. Erst danach wurde der nunmehr autorisierte Platz verschönert. War die Familie reich, baute sie ein großartiges Mausoleum und pflanzte prächtige Bäume.

1910 gab es aber noch andere Ereignisse, die sich tiefgreifend auf die Familie Seo und alle Koreaner und Koreanerinnen auswirken sollten. Am 22. August 1910 wurde ihr Land von Japan annektiert und zu einer japanischen Provinz degradiert. Japanisch wurde Staatssprache, Busan hieß nun nach der japanischen Aussprache Fusan, an vielen Schulen und Universitäten wurde der Gebrauch der koreanischen Sprache verboten, und Yeong-hae machte Bekanntschaft mit seiner zweiten Fremdsprache.

Das erste Wort, das die Kinder in der Schule lernen mussten, war *Hoanden*. Der *Hoanden* von Yeong-haes Schule war ein kleines, graues Haus in einem gepflegten Blumengarten, das wie eine Art Schrein aussah. Beim Betreten und Verlassen der Schule und immer, wenn sie daran vorübergingen, mussten die Schülerinnen und Schüler dem *Hoanden* ihren äußersten Respekt bezeugen, indem sie sich tiefer verbeugten, als sie es vor ihrer Lehrerin tun mussten. Im *Hoanden* wurde die Botschaft des japanischen Kaisers aufbewahrt. Das Haus hatte keine Fenster, und die Türen wurden nur an Nationalfeiertagen geöffnet, an denen die ganze Klasse an einer Zeremonie teilnehmen musste. Dann wurde im *Hoanden* ein Podium aufgebaut und das Redepult mit einem Tuch aus schwarzem Samt mit goldenen Fransen behängt. Die Kinder mussten sich zu beiden Seiten des Podiums aufstellen, und als der Direktor im schwarzen Anzug und in weißen Handschuhen mit seiner Entourage Einzug hielt, mussten sie sich so tief verbeugen, dass sie nur noch ihre eigenen Schuhspitzen sehen konnten. Es folgte eine unendlich langweilige und für die Kinder vollkommen unverständliche Zeremonie, die sie nur überstanden, weil am Ende eine Belohnung in Form von zwei japanischen Reiskuchen winkte.

Die Schülerinnen und Schüler lernten die japanischen Worte für »Toilette«, »Lehrer«, »Schule«, »Klassenzimmer«, »Schulhof« und »Freund« und wie man auf Japanisch das Jahr und die jeweilige Klasse sagte. Einen Monat lang übten sie diese Worte auf dem Schulhof. Die Lehrenden wiederholten die Bezeichnungen für alles, was man sehen konnte und was sie selbst oder ihre Schutzbefohlenen gerade taten, um die fremden Laute in das Gedächtnis der Kinder einzupflanzen.

Die Hauptanliegen des japanischen Kolonialstaates waren die Befriedung der Bevölkerung, die Niederschlagung jeder Form von Widerstand und die gnadenlose Unterdrückung aller Bestrebungen zur Wiederherstellung der koreanischen Autonomie. So verlagerte sich der Widerstandskampf in den Untergrund, und Millionen wanderten aus. Wirksamer als die brutale Gewalt waren jedoch die »weichen« Elemente der Übernahme Koreas: Veränderungen im Finanz- und Bankwesen, Investitionen in das Kommunikations- und Transportsystem, der Bau von Schulen und technischen Schulungszentren, die Errichtung von Krankenhäusern und anderer Einrichtungen zur Verbesserung des Gesundheitswesens. Zudem wurden Tausende von Beamten und Eliten mit Hilfe großzügiger Alimentierung von der Nützlichkeit der neuen Ordnung überzeugt. »Aber wem nützen diese Fortschritte, und wie wird Korea regiert?«, fragt Seo Yeong-hae in seinem Artikel »Le Problème Coréen« in der linksintellektuellen Zeitschrift *Esprit* im Dezember 1933.

In seinem Buch *Autour d'une Vie Coréenne* schreibt er, dass sich nach der Annexion Koreas viele »ehrliche Leute« das Leben nahmen, um der Schande zu entgehen. Darunter auch der koreanische Minister in St. Petersburg Li June, nachdem er vergeblich versucht hatte, Europa zu einer Protestnote zu bewegen. »Der Kolonisierte ist ein Sklave«, sagten sich viele, »besser sterben, als Sklave sein.«

Der Kampf um die Unabhängigkeit Koreas

Um aus der koreanischen Bevölkerung ein Volk von Sklavinnen und Sklaven zu machen, ging die japanische Besatzungsmacht mit brutaler Gewalt gegen deren Kultur vor. Mit nicht von Japan autorisierten Büchern Geschichte zu unterrichten, war verboten, und mehr als zweihunderttausend koreanische Dokumente wurden verbrannt, um das kulturelle Gedächtnis zu löschen. Die Darstellung Koreas als, im Vergleich zu Japan, rückständig und primitiv fand Einzug in Schulbücher, Museen und sogar in die Köpfe der koreanischen Bevölkerung selbst. Der 1395 in Seoul von der mächtigen Joseon-Dynastie errichtete Königspalast wurde teilweise zerstört, der verbliebene Teil in eine Attraktion für japanische Touristinnen und Touristen umgewandelt. Die Shinto-Schreine, ursprünglich für die japanischen Besatzer errichtet, wurden nach und nach zu Orten offizieller Religiosität für alle, auch für die koreanische Bevölkerung. Selbst Bäume wurden millionenfach gefällt und durch nicht einheimische Arten ersetzt, wodurch sich die koreanische Landschaft bis zur Unkenntlichkeit veränderte. All dies galt vielen als kultureller Genozid, für die Besatzungsmacht war es das Bemühen, die japanische und die koreanische Bevölkerung als einheitliches Volk darzustellen. Fast hunderttausend japanische Familien wurden auf geraubtem Land angesiedelt, und Hunderttausende Koreanerinnen und Koreaner in Japan und in japanischen Kolonien zur Zwangsarbeit herangezogen.

Während des Ersten Weltkriegs erklärte Japan dem Deutschen Reich den Krieg und errang gleich zu Beginn einen wichtigen Sieg, der die Deutschen endgültig aus Fernost verdrängte. Auf der ökonomischen Front erfreute sich Japan während des Krieges eines enormen Aufschwungs. Aufmerksam verfolgte die koreanische Bevölkerung das Kriegsgeschehen und hoffte auf den Sieg von

Menschenrechten und Gerechtigkeit. In der Zwischenzeit bereiteten die Männer des Widerstands eine Unabhängigkeitserklärung vor. Das war nicht einfach, denn die japanische Besatzungsmacht trachtete, jede Versammlung von mehr als vier koreanischen Personen zu unterbinden. Doch die Koreaner, so Seo in seinem Buch,

> [...] marschierten alle ausnahmslos der Unabhängigkeit entgegen. [...] Jeder wollte der Erste sein, sein Leben und sein Vermögen zu opfern, um an der ehrenvollen Aufgabe der Wiederauferstehung des toten Vaterlands Anteil zu haben. Es war wahrlich ein intimer und zugleich aufwühlender Kampf!

Nach dem Ende des Ersten Weltkriegs reiste eine koreanische Delegation – erfolglos wie sich herausstellte – zu den Friedensverhandlungen nach Paris. »Ganz Korea vibrierte vor Freude«, schreibt Seo. Der bekannte Publizist Choe Nam-seon wurde beauftragt, eine Unabhängigkeitserklärung zu verfassen, die von 33 »Vertretern des koreanischen Volkes« unterzeichnet werden sollte. Am 1. März 1919 wurde sie in Seoul auf dem Tapdong-Platz öffentlich verlesen, danach in zahlreichen anderen Städten des Landes, in Pjöngjang, Jinnampo, Sincheon und Onjeong.

Die Erklärung beginnt mit den Worten:

> Wir, die Vertreter des koreanischen Volkes, erklären hiermit gegenüber allen Nationen der Welt die Unabhängigkeit Koreas und die Freiheit des koreanischen Volkes und verkünden unseren Kindern und Kindeskindern die edlen Prinzipien der Gleichberechtigung und des ewigen Rechts des Volkes, sich selbst zu vertreten.

Gegenüber Japan wird erklärt:

> Wir haben nicht die Absicht, Japan der Illoyalität zu zeihen, als es China die Verletzung des Abkommens von 1876 zur Last legte; nicht der ungerechtfertigten Arroganz, als seine Bürokraten uns wie ein besiegtes Volk behandelten; nicht der Niedertracht, als

es unsere geliebte Sprache und unsere Geschichte verbot; nicht der Schändlichkeit, als es mit geistigen Mitteln unsere Kultur lähmte, aus der sich unsere Zivilisation speist, und sich darin gefiel, uns auf unserer eigenen Erde wie in einem Land der Barbaren mit Füßen zu treten. Angesichts edlerer Pflichten haben wir keine Zeit, andere zu beschuldigen. Unser dringendes Bedürfnis ist der Wiederaufbau unseres Hauses und nicht die Diskussion über jene, die es zerstört haben. Unsere Aufgabe ist es, im Namen des Menschheitsgewissens eine leuchtende Zukunft zu schaffen. Wir nehmen die Ungerechtigkeiten der Vergangenheit nicht übel.

Die Unabhängigkeitserklärung schließt mit drei Punkten:

I. Im Namen von Gerechtigkeit, Menschlichkeit und Ehre bekräftigen wir, dass niemandem, wem auch immer, Gewalt angetan werden wird.
II. Diesem Geist werden wir bis zum letzten Mann, bis zum letzten Atemzug treu bleiben.
III. Alles, was wir tun, wird ehrenhaft und in Übereinstimmung mit unserem koreanischen Sinn für Redlichkeit und Offenheit erfolgen.

Nach der öffentlichen Verlesung verständigte die Protestgruppe selbst die Polizei und ließ sich widerstandslos abführen. Heute ist der 1. März in Südkorea ein gesetzlicher Feiertag, an dem die Unabhängigkeit des Landes gefeiert wird.

Innerhalb kurzer Zeit demonstrierten Hunderttausende im ganzen Land friedlich für ein freies Korea und riefen das berühmte *Mansai* – Es lebe die koreanische Unabhängigkeit! Angefeuert wurden die Proteste auch durch ein Gerücht, dass der am 21. Januar verstorbene König Gojong auf Betreiben Japans vergiftet worden sei. Etwa zwei Millionen Menschen sollen an den Demonstrationen teilgenommen haben. Mehr als die Hälfte der Demonstrierenden waren Bäuerinnen und Bauern, es handelte sich also um eine veritable Volkserhebung und nicht um eine isolierte Aktion städtischer Intelligenz. Polizei und Kolonialverwaltung waren überrumpelt und zunächst nicht Herr der Lage. »Die Unabhängigkeitsbewegung«, schreibt Seo,

> [...] war von Anfang an eine friedliche Demonstration und ein passiver Widerstand. Anführer ebenso wie Anhänger waren an einen feierlichen Schwur gebunden, keine Gewalt auszuüben und bei einer Verhaftung keinen Widerstand zu leisten. Aber Japan hielt es wieder einmal für notwendig, den Koreanern zu zeigen, wie spitz seine Bajonette waren und wie scharf seine Säbel! In weniger als drei Wochen wurden 32.000 Männer und Frauen ins Gefängnis geworfen. An die 5.000 wurden getötet und verwundet, darunter Greise, junge Mädchen und Kinder!

Frauen wurden entkleidet, durch die Straßen geschleift und vor den Augen der Menge ausgepeitscht. Nicht nur in der Hauptstadt, auch in ländlichen Gebieten, kam es in den Gefängnissen zu Folterungen. Am 15. April 1919 umstellten japanische Soldaten im Dorf Jaem-ri 39 Häuser, hinderten die Menschen mit Waffengewalt daran, sie zu verlassen, und setzten sie in Brand. Auf diese Weise verfuhr man auch in zwei anderen Dörfern. Nach koreanischer Schätzung wurden 7.509 Menschen getötet, 46.303 verhaftet und 15.849 verwundet.

Kein Wunder, dass sich der siebzehnjährige Schüler Yeong-hae mit glühender Begeisterung der Unabhängigkeitsbewegung des 1. März anschloss. Gewiss versuchten seine Eltern, ihn abzuhalten, denn Widerstand gegen die japanische Besatzungsmacht war lebensgefährlich, wie die Zahlen zeigen. Doch Yeong-haes jugendlicher Freiheitswille scheute keine Gefahr. In Busan bestand die Bewegung in erster Linie aus Gymnasiastinnen und Gymnasiasten. Sie hatte am 1. März in der Hauptstadt Seoul begonnen und sich allmählich über das ganze Land ausgebreitet. In Busan war es am 11. März so weit, als Schülerinnen der Privatschule Ilshin die Forderung nach Unabhängigkeit auf die Straße trugen. Die Schule der Ilshin-Mädchen war von der presbyterianischen Kirche Australiens gegründet worden, und ab Anfang März wurde der Text der Unabhängigkeitserklärung von christlichen Bürgerinnen und Bürgern in der Region Busan verteilt.

Schüler des Dongnae-gu-Gymnasiums, das Yeong-hae besuchte, trafen sich mit einer Delegation von Schülern aus Seoul, die ihnen die Unabhängigkeitserklärung überbrachte. Am 13. März 1919 begab sich Yeong-hae als einer der Anführer mit einer Gruppe von Schülerinnen und Schülern kurz nach 14 Uhr zum Bezirksamt von Dongnae-gu. »Es lebe die Unabhängigkeit«, riefen sie. Die anderen streuten Flugblätter. Unter der Leitung der Gymnasiastinnen und Gymnasiasten zogen am 18. und 19. März Tausende Menschen, auch Menschen vom Land und Kaufleute, durch die Straßen des Dongnae-Bezirks. Bald nahmen auch Lehrende an den Demonstrationen teil. Die Schülerinnen und Schüler betrachteten die Aktion als vollen Erfolg, auch wenn 34 von ihnen verhaftet wurden.

Exil

Yeong-hae gelang es nach der Aktion, seinen Häschern zu entkommen, er musste sich aber ab nun versteckt halten. Nach Rücksprache mit seinem Vater verließ er Ende April 1919 seine Familie, überquerte mit der Eisenbahn den Fluss Yalu und fuhr nach Mukden (heute Shenyang) in der Mandschurei. Schon beim Überqueren des Flusses war er sich bewusst, dass eine Herausforderung auf ihn wartete, mächtig wie der Berg Tai, einer der fünf höchsten Berge Chinas. Es half ihm Jang Geon-sang, ein um 26 Jahre jüngerer Freund von Yeong-haes Vater. Die beiden lebten in derselben Stadt und kannten einander gut. Jang Geon-sang war schon 1916 nach Shanghai geflüchtet und unterstützte Exilierte auf ihrem Weg über die Mandschurei nach Shanghai.

Da er der japanischen Polizei jetzt namentlich bekannt war, änderte Seo auf dem Weg nach Shanghai seinen Namen von Heui-su auf Yeong-hae. So entkam er den vielfältigen Kontrollen und Inspektionen, da man nicht so gut vernetzt war wie heute. Hilfreich war gewiss auch, dass Yeong-hae fließend Chinesisch sprach und bloß 1,60 m groß war, also mehr wie ein Kind aussah und keinen bedrohlich revolutionären Eindruck machte. In einem im August 1945 geführten Interview mit *Ce Soir* lobte Seo die »Gastfreundschaft unseres großen Nachbarn China«. Kultur, Religion und Tradition Koreas seien eng mit China verbunden, während Japan dem Land gänzlich fremd sei. Die Zeit unter japanischer Besatzung nannte er ein »Riesengefängnis«. Später sollte er in *Autour d'une Vie Coréenne* schreiben: »Wenn es darauf ankommt, muss jeder alles zur Rettung seines Lebens unternehmen, um sein Werk fortsetzen zu können, notfalls im Ausland.«

Das war der Weg, den Yeong-hae einschlug. In seinem autobiografischen Text »Rückblick auf fünfzehn Jahre im Ausland« schrieb er über seine Entscheidung zur Flucht:

> Selbst für Jüngere als Zwanzigjährige scheint es nichts Größeres, Schwierigeres und Bedrohlicheres gegeben zu haben. 1919 war das Leben der koreanischen Jugend äußerst schwierig. Ich war damals ein siebzehnjähriger Junge und zögerte nicht, mich von meinen lieben Eltern zu verabschieden. Mit jungem, unschuldigem Ehrgeiz im Herzen zog ich mutig los, die Welt zu erobern.

In Anak, einem Bezirk im heutigen Nordkorea, wo der später ermordete heutige Nationalheld Kim Gu lebte, wurde erwartet, dass dieser sich an den Aktionen des Widerstands beteiligte, doch auch er entschied sich für ein Leben im Exil. Am 28. März verkündete er:

> Wir können unser Vaterland nicht allein dadurch befreien, dass wir unser Manifest lautstark verkünden. Ich habe mir eine andere Aufgabe vorgenommen, die ich jetzt in Angriff nehmen und durchführen will. Ob ich hier an euren Aktionen teilnehme oder nicht, spielt keine Rolle. Macht hier weiter! Verbreitet hier mit unüberhörbarer Stimme den Aufruf zur Unabhängigkeit!

Tags darauf schiffte er sich ins Exil nach Shanghai ein, wo am 11. April 1919 die Provisorische Regierung der Republik Korea gebildet wurde.

Zum ersten Präsidenten der Provisorischen Regierung wurde im September in Abwesenheit der aus einer verarmten Adelsfamilie stammende und schon als Schüler zum Methodisten konvertierte Syngman Rhee ernannt. Er hielt sich noch in den USA auf, wo er in Washington das Korea-Komitee gegründet hatte, um Geld für die Unabhängigkeitsbewegung zu sammeln. Schon damals wurde ihm eigenmächtiges Handeln vorgeworfen. Zur Klärung von Ungereimtheiten aufgefordert, traf er am 8. Dezember 1920 in Shanghai ein. Von Anfang an gab es Widerstand gegen ihn, aber auch die Hoffnung auf internationale Anerkennung. Bereits im Mai 1921 kehrte Rhee in die USA zurück, blieb aber noch viele Jahre Präsident der Provisorischen Regierung.

Bald traf auch Seo Yeong-hae in Shanghai ein, begab sich unverzüglich zu seinem Beschützer Jang Geon-sang und bat ihn um Hilfe. In der Stadt hielten sich auch mehrere Unabhängigkeitsaktivisten aus Busan auf, die ihm, der noch Schüler war, behilflich sein konnten. Auch der spätere Außenminister der Provisorischen Regierung Kim Gyu-sik war Yeong-haes Vater in enger Freundschaft verbunden, hatte sich aber bereits auf den Weg nach Paris gemacht, um im März 1919 an der Friedenskonferenz teilzunehmen.

Yeong-hae blieb anderthalb Jahre in Shanghai. Um ihn, das Nesthäkchen der Flüchtlings-Community, kümmerte man sich liebevoll, und von Zeit zu Zeit wurde ihm geraten, zu seinen Eltern nach Hause zurückzukehren, da diese sich Sorgen um ihn machen würden. Doch Yeong-hae dachte nicht daran und versuchte eher, sich beliebt zu machen, indem er für Ältere Wege erledigte. Der 37-jährige Jang Geon-sang nahm ihn unter seine Fittiche. Verglichen mit den meisten etwa tausend Unabhängigkeitsaktivisten in Shanghai, die sich täglich nicht mehr als eine Mahlzeit leisten konnten, ging es Yeong-hae dank der regelmäßigen Geldüberweisungen seines reichen Vaters finanziell gut.

Seinem Vorbild Jang Geon-sang folgend, der Anfang des Jahrhunderts über Sibirien und Europa ohne Pass in die USA gelangt war und 1912 an der Universität von Valparaiso seinen Abschluss gemacht hatte, zog es auch Yeong-hae zum Studium in die USA, doch riet man ihm zu einem Studium in Frankreich, wo er später die Provisorische Regierung vertreten sollte. Paris war damals das Zentrum der internationalen Diplomatie. Die enttäuschenden Erfahrungen von Kim Gyu-sik bei der Pariser Friedenskonferenz überzeugten die Führer der Provisorischen Regierung von der Notwendigkeit, koreanische Vertreter der Regierung mit guten Französischkenntnissen auf französischem Boden zu haben. Man einigte sich also darauf, Yeong-hae nach Paris zu schicken, auch weil dessen Vater für sein Studium und seinen Unterhalt aufkommen konnte, denn die Provisorische Regierung konnte ihm keine finanzielle Unterstützung bieten.

Yeong-hae protestierte nicht. Sein geplanter Aufenthalt in Paris war eine strategische Entscheidung, die er widerspruchlos hinnahm und später nicht bereuen sollte. In seiner langen Zeit im Exil lernte er die französische Kultur und in der Nazizeit »die Kühnheit des Kampfes des französischen Volkes« schätzen. Die Deutschen sah er wie die Japaner in Korea als Eindringlinge. »Ich bin davon überzeugt, dass in naher Zukunft mein Land im Fernen Osten dieselbe Rolle spielen wird wie Frankreich im Westen«, sagte er der Zeitschrift *Ce Soir* in einem Interview nach dem Ende des Zweiten Weltkriegs, »denn wir sind von derselben Liebe für Gerechtigkeit, Freiheit und Vaterland beseelt.«

Um nach Frankreich zu gelangen, benötigte Yeong-hae einen Pass und ein Visum, und Shanghai war der einzige Ort, an dem koreanische Geflüchtete, die keine Verbindungen zur japanischen Kolonialregierung hatten, Pässe erhalten konnten. Mit Hilfe der chinesischen Regierung wurde Yeong-hae von einem chinesischen Ehepaar adoptiert, wodurch er im November 1920 die chinesische Staatsbürgerschaft und einen chinesischen Pass erhielt. Offiziell Chinese zu werden, war bestimmt für einen koreanischen Freiheitskämpfer eine schwere Entscheidung, die sich in späterer Folge auch verhängnisvoll auf Yeong-haes Leben auswirken sollte. Aber koreanische Pässe gab es unter japanischer Besatzung nicht.

Hintergrund dieser Möglichkeit war, dass China während des Ersten Weltkriegs nicht Truppen, sondern Studierende nach Europa schickte. Die »Bewegung für fleißige Arbeit und zielstrebiges Lernen« hatte zum Ziel, junge Chinesinnen und Chinesen in Frankreich arbeiten und studieren zu lassen, um anschließend die wissenschaftlichen und gesellschaftlichen Kontakte zwischen China und Frankreich zu stärken. Im Rahmen dieses Programms begaben sich chinesische Talente wie Tschu En Lai (ab 1949 Premierminister der Volksrepublik China) und Deng Xiao Ping (1979–1997 Parteiführer der Volksrepublik China) zum Studium nach Paris. Und so bat die Provisorische Regierung Koreas China, auch einer Handvoll junger Koreaner die Möglichkeit eines Studiums in Frankreich zu bieten. Behilflich bei der Beschaffung des Visums und der Schiffspassage nach Europa war in der Französischen Konzession eine Vereinigung für die chinesisch-französische Bildung.

Das Schiff mit den etwa 21 koreanischen Jugendlichen an Bord verließ am 6. November 1920 Shanghai. Für die überwiegend mittellosen Koreaner stand nur die vierte Klasse zur Verfügung – der Frachtraum, wo sich die jungen Leute, von Insekten umschwärmt, niederließen, so gut es ging. War der Indische Ozean ruhig, flüchteten sie an Deck und mieteten sich einen Liegestuhl. Unterwegs erhielten die chinesischen und koreanischen Jugendlichen Gelegenheit, über die Ungerechtigkeit von Kapitalismus und Kolonialismus nachzudenken. So erlebten sie, wie Kinder, wenn das Schiff an einem Hafen anlegte, zum Schiff schwammen und die Passagierinnen und Passagiere um Geld und Essen anbettelten. Bei stürmischer See litten alle an Seekrankheit. Aber auch wenn ihnen nicht übel war, sparten sie aus Geldmangel am Essen und waren einigermaßen ausgehungert, als sie in Frankreich eintrafen. Die Reise dauerte 39 Tage und führte über Hong-Kong, Saigon, Singapore, Britisch Kolumbien, das Arabische Meer, Gibraltar, das Rote Meer, den Suezkanal und die italienische Halbinsel nach Marseille, wo das Schiff am 13. Dezember 1920 anlegte. Die meisten Koreaner hatten chinesische Pässe, Ausweise und Reisedokumente. Die europäischen Behörden waren sich der politischen Lage im Fernen Osten mehr oder weniger bewusst und akzeptierten diese Dokumente, obwohl sie teilweise inkorrekte Daten enthielten. In offiziellen deutschen Dokumenten findet man oft den Eintrag »Identität durch chinesischen Pass nachgewiesen«.

Einige von Yeong-haes Kameraden setzten ihre Reise nach Deutschland fort. Berlin war im frühen 20. Jahrhundert ein Zentrum der wissenschaftlichen Forschung und akademischen Bildung. Viele internationale Studierende zog es dorthin, darunter eine Anzahl Koreaner, die nach der Befreiung die Politik und Kultur von Nord- und Südkorea bestimmen sollten. Yeong-hae reiste von Marseille weiter nach Paris, wo er am folgenden Morgen ankam und von einigen in Paris lebenden Koreanern am Bahnhof begrüßt wurde. Es war für ihn eine große Freude, am ersten Tag in der Fremde sein vertrautes Koreanisch zu hören. Seine Landsleute empfahlen ihm ein Hotel, und Yeong-hae konnte sich nach der anstrengenden Reise endlich in einem Bett ausruhen. In den nächsten Tagen flanierten sie mit ihm durch Paris, und Yeong-hae genoss eine kurze Zeit ohne Verantwortung.

Ein koreanischer Schüler in der Fremde

Mit Hilfe des Generalsekretärs der Koreanischen Kommission in Paris wurden Seo Yeong-hae und sein Schulfreund aus Busan, Jeong Seok-hae, in die Kleinstadt Beauvais – 79 km nördlich von Paris – geschickt, um das dortige Lycée zu besuchen. Während Deng Xiao Ping in China einen zweijährigen Vorbereitungskurs besuchte, um Französisch zu lernen, reiste Yeong-hae ohne ein einziges Wort Französisch nach Frankreich. Er begann seine Schulausbildung im Dezember 1921. Zwischen seiner Ankunft in Frankreich und seiner Einschulung am Lycée liegt also ein Jahr, in dem er sich dem Erlernen der Landessprache widmete.

Das beeindruckende Schulgebäude aus rotem Backstein ging über fünf Stockwerke und habe ihm, schreibt Yeong-hae, vom ersten Tag an imponiert. Er musste sich beim Direktor vorstellen, der in einem großen Büro thronte und ungefähr sechzig Jahre alt war. »Er hielt den Kopf nach hinten geneigt, und seine Brille ruhte auf der Nasenspitze«, beschreibt Yeong-hae seinen ersten Eindruck in seinem Rückblick über die ersten fünfzehn Jahre im Exil. Das Gesicht des Direktors war ruhig und ernst.

> Als er hörte, wie sich die Tür öffnete, richtete er den Kopf auf und schob die Brille an seinen Platz, um den Eintretenden in Augenschein zu nehmen. Er streckte die Arme nach mir aus, legte eine Hand auf meine linke Schulter, die andere auf meine rechte Hand, lächelte und sagte etwas mit freundlicher Stimme. Ach, was für eine Frustration! Ich verstand kein einziges Wort. Das war mein erster Kontakt mit einem Franzosen.

Yeong-haes Freund, Jeong Seok-hae, schreibt in seiner Autobiografie, dass er täglich zwei Stunden Französisch und eine Stunde

Seo als Schüler in Frankreich

Englisch paukte. Und anders als Seok-hae war Yeong-hae wieder in der glücklichen Lage, vom Geld seines Vaters leben zu können, auch wenn es nicht ganz reichte. Die chinesischen und koreanischen Schüler mussten für die Kosten von Unterkunft und Verpflegung selbst aufkommen. Deng Xiao Ping und Seok-hae besuchten die Schule fünf oder sechs Monate lang und waren dann aus Geldmangel gezwungen, arbeiten zu gehen. Seo Yeong-hae hingegen konnte sich ganz aufs Lernen konzentrieren. Seok-hae fand eine Anstellung in einer Apotheke, um für sein Studium in Deutschland zu sparen, wo die Lebenshaltungskosten niedriger waren. Später verschrieb er sich dem bewaffneten Befreiungskampf.

Für Yeong-hae ebenso wie für die anderen koreanischen und chinesischen Schülerinnen und Schüler und Studierenden in Frankreich und Deutschland bedeutete ihr Schulbesuch die Vorbereitung auf ihre politische, gesellschaftliche oder kulturelle Rolle in ihrer künftigen unabhängigen Heimat. Yeong-hae wurde jedoch schon als Schüler zum offiziellen Verbindungsglied zwischen den koreanischen Studierenden in Frankreich und der Provisorischen Regierung. Alle Informationen über die Provisorische Regierung gingen über Yeong-hae. Jeong Seok-hae schrieb: »Die koreanischen Studenten standen nur über einen einzigen Kanal mit der Provisorischen Regierung in Verbindung, weil mein Freund Seo Yeong-hae mit Kim Gu Kontakt hatte.«

In seinem autobiografischen Text beschreibt Seo Yeong-hae sehr genau seine von Stacheldraht umgebene 1897 erbaute Schule und sein Leben als Internatsschüler. Büros und Studierräume befanden sich im Erdgeschoss, Schulklassen, Laboratorien und Bibliotheken im zweiten und dritten Stock, in der vierten und fünften Etage waren die Schlafsäle und das Büro für die Verwaltung der Internatsschüler untergebracht. Die Kantine fasste mehr als tausend Personen. Am hinteren Ende des Gartens befand sich das Krankenhaus. Internatsschüler benötigten wenigstens zwei saubere Schuluniformen, eine für die Schule und eine für den Ausgang, zwei Paar Schuhe, vier Unterhemden, vier Unterhosen und sechs Taschentücher. Um Reinigung und Reparatur der Kleidung kümmerte sich die Schule. Unterwäsche wurde am Sonntag gewechselt, Taschentücher zweimal wöchentlich, Bettwäsche und Decken einmal monatlich. Gebadet wurde am Donnerstagvormittag. Fühlte sich ein Schüler krank, wurde er zum Arzt ins Schulkrankenhaus gebracht. Musste ein Schüler regelmäßig ein Medikament einnehmen, suchte eine Krankenschwester die Schule auf, um es ihm zu verabreichen. Einmal im Semester kam Besuch von staatlichen Ärzten, die die Schüler untersuchten.

Die Tagesroutine mutet militärisch an: Aufstehen um 5 Uhr 30, um 6 Uhr musste die Morgentoilette beendet sein. Dann wurde das Bett gemacht, die Kleidung gewaschen, die Schuhe geputzt, die Haare gekämmt und dergleichen. Das wurde alles kontrolliert, und wenn ein Schüler sein Gesicht nicht sauber genug gewaschen hatte, erhielt er einen Minuspunkt. Wenn es um 6 Uhr 30 klingelte, ging es in den Hof zum Frühsport. Um 7 Uhr 20 gab es ein 15-minütiges Frühstück, meistens Tee oder Milch und Brot. Um 8 Uhr begaben sich die Schüler unter Aufsicht des Direktors in ihre Klassen. Nach dem 12-Uhr-Klingeln wuschen sie sich die Hände und marschierten unter Aufsicht in die Kantine. Das Mittagessen, für das 30 Minuten veranschlagt waren, bestand aus einer leichten

Vorspeise, einer Portion Fleisch mit Gemüse und einem Dessert oder einem Stück Obst. Aß man nicht alles auf, wurde man zurechtgewiesen und dem Direktor oder stellvertretenden Direktor vorgeführt, der sich nach dem Befinden des Schülers erkundigte. Nach einer Stunde Pause mussten die Hausaufgaben erledigt werden. Um 19 Uhr gingen die Pendelschüler nach Hause.

Für die Internatsschüler gab es um 20 Uhr Abendbrot: Suppe, Fleisch oder Fisch mit Gemüse und Obst oder Bonbons. Nach einer halben Stunde ging es in die Schlafsäle. Um 22 Uhr, um 24 Uhr, um 2 Uhr und um 5 Uhr 30 leuchtete die Nachtwache mit der Taschenlampe in die Schlafsäle. Yeong-hae fasst zusammen:

> Im französischen Lycée gibt es täglich fünf Stunden Unterricht und fünfeinhalb Stunden Studium. Nach einiger Zeit wurde Turnen eingeführt, weil die Lernzeit für die jüngeren Schüler zu lang war. Allerdings nahm die Gymnastik nie mehr als zwei Stunden wöchentlich in Anspruch.

Der Samstag war ein normaler Schultag, nur der Donnerstag war unterrichtsfrei, da studierte man am Vormittag und machte am Nachmittag Gymnastik. Schüler mit schlechten Noten mussten zur Strafe auch am Donnerstagnachmittag ihre Hausaufgaben erledigen. Um sich ihr Schulgeld zu verdienen, verrichteten ältere Schüler diverse Tätigkeiten wie die Überwachung der Jüngeren bei der Bewegung im Freien, in der Kantine oder in den Schlafsälen.

»Als ich das erste Mal in dieses Lycée kam, um Französisch zu lernen, wurde mir ein Tutor zugewiesen, und ich begann mit dem Alphabet.« So beschreibt Yeong-hae seine Sprachausbildung:

> Vom ersten Tag an zwitscherten die anderen Schüler wie eine Gruppe Spatzen, umringten mich, als wäre ich ein Außerirdischer, und versuchten, sich mit Gesten mit mir zu verständigen. Mich unter die französischen Schüler zu mischen, war für mich interessanter, als zu studieren. Oft verstand ich nicht, was sie von mir wollten, aber wenn man Seite an Seite spielt, macht das Spaß und man kann sich wie ein Stummer verständlich machen. Während des Spiels schnappte ich Wörter auf, die mir in den Ohren stecken

> blieben. Von meinem Lehrer wurde ich gerügt, wenn ich Wörter vergaß, die mir mein Tutor beigebracht hatte. Die meisten Wörter, die die Schüler im Spiel verwendeten, waren Schimpfwörter. Mir diese beizubringen, machte ihnen Spaß, und sie forderten mich sogar auf, zum Lehrer zu gehen und deren Bedeutung zu erfragen. Dieser ärgerte sich und rief, dass diese Wörter nicht französisch seien. Doch konnte ich die Wörter, die ich von meinem Tutor lernte, nicht gleich anwenden, während die der Schüler alltagstauglich waren.

Yeong-haes Tutor umsorgte seinen Schüler in außerordentlicher Weise, lud ihn zum Essen zu sich nach Hause ein und blieb ihm während der gesamten Schulzeit als Freund erhalten. Nach einigen Monaten bestellte ihn der Direktor zusammen mit dem Tutor in sein Büro und eröffnete ihm, dass er von nun an zusätzlich zu seinem Sprachunterricht mit den sechs- und siebenjährigen Kindern der zehnten und neunten Klasse mitlernen solle. Ein Semester lang machte Yeong-hae bei den Kleinen mit, sagte wie sie Abzählreime auf und stieg dann in die achte und siebente Klasse auf, wo er bei den Fächern Französisch, Arithmetik und Geschichte mitmachte. Ab dem Herbstsemester 1922 begann er mit Latein und widmete der Vorbereitung der Unterrichtsstunden immer mehr Zeit. »Es war das erste Mal in meinem Leben, dass ich ernsthaft studierte.« Doch immer noch konnte er mit den 13- und 14-Jährigen nicht mithalten. Wenn er manchmal zur Tafel gerufen wurde, löste seine holprige Sprache bei Lehrern und Schülern Gelächter aus. Aber Yeong-hae wurde immer fleißiger. Um in eine höhere Klasse aufzusteigen, musste er keine Prüfung ablegen und hatte das Recht, jede Klasse zu besuchen, in der er mitkam. Je besser sein Französisch wurde, desto höher wurden auch die Hürden. Aber schließlich schaffte er es.

Es gab auch Probleme. Fast wäre Yeong-hae in seinem vierten Jahr aus der Schule geflogen, weil er wegen eines Textes in seinem Schulbuch einen Wutanfall bekam. Da stand: »Das koreanische Volk mit einer Bevölkerung von sechs Millionen ist sehr faul und versteht es nicht, sein kulturelles Erbe an spätere Generationen weiterzugeben.« Seine Mitschüler schauten ihn an und schmunzelten.

Yeong-hae sprang auf, schleuderte das Buch zu Boden und rief, immer noch in holprigem Französisch: »Das koreanische Volk zählt zwanzig Millionen und hat eine über 4.000 Jahre alte Geschichte! Ein Bildungssystem, das Studierenden eine solche Lüge beibringt, ist unzivilisiert!« Der Geschichtslehrer packte Yeong-hae am Ärmel und warf ihn aus der Klasse. Der von dem Vorfall in Kenntnis gesetzte Direktor wollte ihn auch gleich der Schule verweisen. Doch sein Sprachlehrer, der Yeong-hae immer beschützte, überredete den Direktor, ihn zu beauftragen, einen Vortrag über Korea zu halten, und Yeong-hae entschuldigte sich beim Geschichtslehrer. Vier Monate lang recherchierte Yeong-hae, der sich bisher noch nie mit der Geschichte seines Landes befasst hatte, in der Bibliothek, schickte Briefe an die koreanische Gesellschaft in China und in den USA mit der Bitte um Material und schrieb einen Text, den er von seinem Sprachlehrer korrigieren ließ und schließlich dem Direktor vorlegte. Der Direktor war beeindruckt und lud Yeong-hae ein, am folgenden Donnerstag um 18 Uhr vor den älteren Schülern und dem Lehrerkollegium einen Vortrag zu halten. Eine volle Stunde hielt Yeong-hae einen Vortrag in französischer Sprache. Der Direktor war überwältigt:

> Unsere jungen Franzosen im Ausland sollten ihrer Heimat gegenüber dieselbe Einstellung haben wie dieser junge Koreaner. Die vor dem 1. Weltkrieg veröffentlichten Lehrbücher sind obsolet und voller Widersprüche. In unserem Lehrbuch steht, die koreanische Bevölkerung sei faul. Das stimmt nicht. Die persönliche Leistung von Seo Yeong-hae beweist es.

Dieses Schulerlebnis regte ihn später an, seinen Roman *Autour d'une Vie Coréenne* zu schreiben. Man wusste in Frankreich zu wenig über Korea.

Um in Frankreich in seinem doch nicht mehr ganz so jungen Alter überhaupt eingeschult werden zu können, hatte sich Yeong-hae schon in Shanghai bei der Ausstellung seines chinesischen Passes um zwei Jahre jünger ausgegeben. Von nun an war sein offizielles Geburtsjahr nicht mehr 1902, sondern 1904. Und Yeong-hae beeilte sich, die verlorene Zeit nachzuholen. In rasantem Tempo

Seo in der Abiturklasse am Lycée Marceau
(1. Reihe, Zweiter von rechts), 1925/26

lernte er Französisch und bewältigte die üblicherweise elfjährige Schulzeit bis zum Baccalauréat (entspricht dem deutschen Abitur bzw. der österreichischen Matura) in nur sechs Jahren, wobei er fünf Jahre lang das Lycée in Beauvais besuchte. Danach wollte er an eine andere Schule.

> In der Schule von Beauvais wurde ich als ausländischer Schüler stark gefördert. Anfangs war das sehr praktisch, aber nach einiger Zeit fürchtete ich, wegen der bevorzugten Behandlung nachlässig zu werden. Es stimmt zwar, dass ich eifrig studiere, aber hätte ich größere Schwierigkeiten, würde ich vielleicht noch mehr studieren. Die erste Lyceé-Klasse ist außerordentlich wichtig, ich möchte ab nun an einer Schule lernen, wo mich niemand kennt und ich ohne besondere Rücksichtnahme hart arbeiten muss.

So entschied sich Yeong-hae für das Lycée Marceau in Chartres, 88 km östlich von Paris. Dort bestand er das Baccalauréat.

Ein koreanischer Journalist in Paris

Nach seinem Abitur bestand Seo die Aufnahmeprüfung für ein Philosophiestudium an der Sorbonne und zog nach Paris, in eine Wohnung im 15. Arrondissement, wo viele Koreanerinnen und Koreaner lebten. Doch schon nach zwei Semestern musste er das Studium mitten in einer besonders interessanten Phase abbrechen. Sein Vater war 1925 gestorben, eine Nachricht, die ihn erst mit einiger Verspätung erreichte. Dass er nicht einmal bei seinem Begräbnis dabei sein konnte, verursachte ihm tiefen Schmerz, der lange nicht verging. Die Geldsendungen brachen ab. Also musste er seinen Lebensunterhalt selbst verdienen. Er arbeitete in einem Weinberg, in einem Restaurant und schließlich in einer Bibliothek – eine Tätigkeit, die für ihn wegweisend wurde. Dort war es seine Aufgabe, Bücher und Zeitschriften nach Art und Datum zu sortieren und Artikel aus dem Koreanischen ins Französische zu übersetzen. Am Ende seines Arbeitstags las er sich kreuz und quer durch die Bücher der Bibliothek. »Dadurch eignete ich mir ein Wissen an, das weit über das hinausging, was ich in der Schule gelernt hatte«, schrieb er später. Eines Tages fand er einen Artikel eines französischen Journalisten mit dem Titel »Die Koreaner sind ignorant und wild«. Da hockte sich Yeong-hae in einen Winkel der Bibliothek und verfasste voller Wut und Leidenschaft eine Widerlegung. Als der Bibliothekar ihn fragte, was er da tue, zeigte er ihm seinen Text. Der Bibliothekar lobte den Artikel und riet ihm, ihn an eine Zeitung zu schicken, nicht ohne zu betonen, dass er dafür auch ein Honorar erhalten würde.

Yeong-hae schickte sein Manuskript an mehrere Zeitungen, die alle ablehnten, bis schließlich die Zeitschrift *l'Orient* den Artikel veröffentlichte und ihn einlud, weitere zu liefern. Von dem Honorar konnte er die Studiengebühr für ein Semester bezahlen. Am Tag nach der Veröffentlichung klopfte die Polizei an seine Tür, um ihn aufzufordern, innerhalb von 24 Stunden das Land zu verlassen.

Mit einem Studentenvisum sei es nicht erlaubt, Geld zu verdienen. Daraufhin stellte ihn der Chefredakteur des Magazins als Reporter an, wodurch Yeong-hae seinen Aufenthalt in Paris legalisieren konnte.

So wurde Seo eher zufällig Journalist, begriff aber rasch, dass der Journalismus eine mächtige Waffe sein konnte. Als Journalist würde er die Welt über die koreanische Unabhängigkeitsbewegung und die Unterwerfung seines Volkes unter die japanische Besatzung informieren können. 1928 begann sein Berufstraum Gestalt anzunehmen: Er erhielt ein Stipendium für die Pariser École Supérieure de Journalisme.

1929 meldete er sich polizeilich in der rue Malebranche 7 im Quartier Latin an, eine Adresse, die er bis zu seiner Abreise aus Paris beibehielt. Während Syngman Rhee in den USA mit erheblicher finanzieller Unterstützung für den Unabhängigkeitskampf durch die große koreanische Gemeinde rechnen konnte, gibt es keinerlei Anzeichen einer Unterstützung der Tätigkeit Seo Yeong-haes in Paris und auf seinen diversen Auslandsreisen. Während seiner gesamten 27-jährigen Pariser Zeit musste Seo sich seinen Lebensunterhalt mit Artikeln und Vorträgen stets selbst verdienen. Im September 1929 ließ er die Presseagentur *Agence Korea* ins Handelsregister eintragen. 1934 wurde er vom Staatsrat der Exilregierung zum Kommissar für Auslandsbeziehungen der Provisorischen Regierung in Frankreich ernannt und am 25. März 1945 zum Vertreter der Provisorischen Regierung in Frankreich, also praktisch zum Botschafter. Alles ohne finanzielle Unterstützung.

In den meisten Fällen wussten die japanischen Botschaften in Paris, Berlin und London über die Identität von Personen mit »chinesischer« Staatsangehörigkeit Bescheid und beobachteten die koreanische Community sehr genau. Bestimmt wurde in der japanischen Botschaft in Paris vermerkt, dass Seo mit seiner Teilnahme an der zweiten Internationalen antiimperialistischen Konferenz im Juli 1929 in Paris seine hauptamtliche Tätigkeit als Journalist aufnahm. Die Liga gegen Imperialismus und koloniale Unterdrückung, die Veranstalterin der Konferenz, wurde im Februar 1927 in Brüssel in Anwesenheit von Delegierten aus aller Welt gegründet. Bemerkenswert ist, dass 107 der Delegierten aus 37 Ländern unter kolonialer

Herrschaft angereist waren. Ziel war die Schaffung einer weltweiten »antiimperialistischen Massenbewegung«. Doch zum Zeitpunkt von Seos Teilnahme an der zweiten Konferenz in Paris hatte eine scharfe Linkswendung den Mitgliedern der sozialistischen Partei den Verbleib in der Liga erschwert. Die koreanische Frage wurde im Rahmen des Tagesordnungspunktes »Gegenwärtiges Stadium des Befreiungskampfes der unterdrückten Völker in der Pazifikregion« angesprochen. Bei dieser Konferenz trat Seo Yeong-hae zum ersten Mal als Unabhängigkeitsaktivist auf der internationalen Bühne auf.

Mit der Schaffung der Agentur *Agence Korea,* deren Aufgabe es war, mit der Provisorischen Regierung Kontakt zu halten, die französische Öffentlichkeit über die Lage in Korea zu informieren, Shanghai und die USA über Europa auf dem Laufenden zu halten und die europäischen Staaten durch diplomatische Bemühungen auf die Situation in Korea aufmerksam zu machen, tauschte sich Seo Yeong-hae regelmäßig mit den Funktionären der Provisorischen Regierung – Kim Gu, Jang Geon-sang und Jo So-ang – aus und wurde zum europäischen Sonderberichterstatter der Provisorischen Regierung ernannt. De facto erfüllte er die Aufgabe des koreanischen Botschafters in Frankreich.

Zeitgleich mit der Gründung von *Agence Korea* veröffentlichte Seo 1929 in französischer Sprache sein schon in der Schulzeit begonnenes Buch *Autour d'une Vie Coréenne,* einen historischen Roman mit autobiografischen Elementen und einem leidenschaftlichen Plädoyer für die Unabhängigkeit Koreas. Es enthält den vollständigen Text der koreanischen Unabhängigkeitserklärung von 1910. Auffallend ist an diesem Buch Seos Engagement gegen das ungerechte koreanische Klassensystem, das sozialen Aufstieg fast unmöglich machte. Auch Kim Gu betont in seinem *Tagebuch von Baekbeom,* dass der Autor als Angehöriger der Klasse der *Sangnom* nicht das Recht für sich in Anspruch nehmen konnte, ihm von anderen angebotene Positionen einzunehmen, die mit seiner niedrigen sozialen Herkunft unvereinbar waren. Und in der Tat nahm Kim Gu nur widerwillig 1919 den Posten eines Polizeipräsidenten der Provisorischen Regierung an und erst einige Zeit danach den des Innenministers und später des Premierministers.

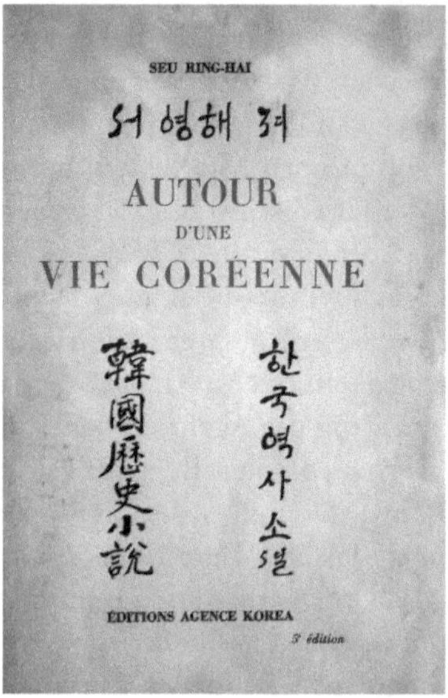

Cover des Buches Autour d'une Vie Coréenne, *1929*

Autour d'une Vie Coréenne wurde von der französischen Presse mit Interesse aufgenommen. Das Buch wurde im Dezember 1929 in den *Nouvelles Littéraires* vorgestellt und im Januar 1930 in der *Revue Historique*. In *Le Petit Journal* vom 18. Februar 1930 bezeichnet der Schriftsteller und Dichter Ernest Raynaud in seinem Artikel »Paris, capital de l'exil« Seo Yeong-hae, den er in seiner Wohnung in der rue Malebranche interviewte, als eine der Schlüsselfiguren der koreanischen Unabhängigkeitsbewegung, »der so gar nichts Konspiratives an sich hat«. Klein, schmal und mit leiser Stimme, wirkte er auf den Autor auf den ersten Blick eher wie ein schüchterner Student. Aber was für eine Veränderung, sobald er über Korea zu sprechen anhob: »Seine Stimme belebte sich, sein Gesicht nahm einen entschlossenen Ausdruck an: Man sah sich plötzlich mit einem heißblütigen Redner voller Elan und Ungestüm konfrontiert.« Seo sprach über den Patriotismus und das heldenhafte Leben seiner Romanfigur Bac Sontcho, als wäre er eine reale Person, und betonte, dass es sich bei seinem Buch um historische Wahrheiten handelte. Eigentlich wollte Raynaud mit Seo über das Buch spre-

SOCIETE DES NATIONS
70me SESSION DU CONSEIL
Genève, janvier 1933.

CARTE DE PRESSE

Délivrée à Mr. SEN RING HAI

représentant le Journal "Agence Korea"

No. 78.

Signature

Strictement personnelle

Carte de presse, ausgestellt in Genf, 1933

chen, doch immer mehr ging es dann nur noch um die Unabhängigkeitsbewegung des 1. März. Der Autor ließ sich von Seo die tragische Geschichte seines Volkes und dessen »Tolstoj'scher Resignation« erzählen und kam zu dem Schluss: »Aus seiner Erzählung entnehme ich vor allem, dass der größte Feind dieses 23-Millionen-Volkes die äußerste Sanftmut seines Charakters ist.«

In einem Gespräch mit Aline Bourgoin von der Zeitschrift *L'Intransigeant* vom 2. April 1930 sprach Seo über Krieg und Frieden:

> Die beste Methode zur Vermeidung künftiger Kriege ist die Überbrückung des Abgrunds, der sich wegen des Mangels an Verständnis zwischen den Völkern auftut. Und Sie haben es richtig erraten: Die beste Methode ist die Literatur.

Die Autorin fragte Seo Yeong-hae, warum er die französische Sprache gewählt habe, um die Literatur seines Landes zu vermitteln? Weil Paris für ihn ein zweites Genf sei, antwortete er. »Nach Genf ist Paris die politische Hauptstadt Europas.«

Um zu begreifen, welches Land am ehesten in der Lage sein werde, das Dilemma seiner Weltregion zu verstehen, unterteilte Seo Europa in drei Nationen: England, Deutschland und Frankreich. Und dann gab es noch Amerika. Seos Wahl fiel auf Frankreich. Warum? »Es ist einfach: Frankreich hat die Tiefe, die Einfachheit und den weiten Horizont, die erforderlich sind, um die orientalische Seele zu begreifen.« Und die anderen? »England hat Tiefe, aber keinen weiten Horizont, Deutschland ist das Gegenteil, aber sein weiter Horizont kompensiert nicht seinen totalen Mangel an Einfachheit.« Und Amerika? Amerika habe einen weiten Horizont und Einfachheit, doch keine Tiefe. »Aber«, beschloss Seo Yeonghae das Gespräch,

> glauben Sie nicht, dass ich nach Frankreich gekommen bin, nur um mein Land dem Ausland zu erklären. Ich zeige den Koreanern das wahre Gesicht Frankreichs, und ich bin stolz darauf, hier schon acht Jahre Gast zu sein.

Als Sonderberichterstatter der Provisorischen Regierung schrieb Seo Artikel für koreanische Zeitungen im Exil, für die in New York erscheinende Zeitung *The New Korea* sowie für *L'Egyptienne*, eine französischsprachige Monatszeitschrift für Oberschichtsfrauen, die zu Beginn des Zweiten Weltkriegs ihr Erscheinen einstellte.

Mit dem Buch *Autour d'une Vie Coréenne*, das er mit Hilfe von Spenden auf seiner Underwood-Schreibmaschine verfasste und für 15 Francs im Eigenverlag veröffentlichte, wollte Seo seinen Beitrag zum Befreiungskampf des koreanischen Volkes leisten und den französischen Lesenden die Kultur Koreas näherbringen, diesmal nicht aus dem Blickwinkel Japans. Es war der erste von einem Koreaner/einer Koreanerin in französischer Sprache verfasste Roman. Das Buch erreichte fünf Auflagen, und Seo ließ es französischen Intellektuellen und in der Politik tätigen Personen verschiedener Länder zukommen, von denen er sich politische und publizistische Unterstützung für sein Land erwartete, darunter die tschechoslowakische, die jugoslawische und die irische Völkerbund-Delegation, ebenso wie etwa die Internationale Frauenliga für Frieden und Freiheit. Die französische Nationalbibliothek verfügt über mehrere vom

Autor signierte Ausgaben von *Autour d'une Vie Coréenne*, darunter ein dem Schriftsteller Georges Duhamel gewidmetes Exemplar.

Das Buch wurde 1982 von Gim Kwon-jae zufällig entdeckt, als er in Paris an seiner Doktorarbeit schrieb. Er erwarb es und stellte es schließlich 1987 in *Weekly Korea* vor. Der Autor eines 2019 – aus Anlass des hundertsten Jahrestages des 1. März 1919 – verfassten Buches über Seo Yeong-hae, Sang Chun Jung, erinnert daran, dass Seo seinen Roman zu einer Zeit schrieb, als das Interesse an Korea wegen der allgegenwärtigen Macht Japans immer geringer wurde. Während die koreanische Literatur vor 1910 in Frankreich durchaus präsent war, war sie in den Jahren zwischen 1910 und der Befreiung praktisch verschwunden. Seos Buch erschien zu einer Zeit, als die japanische Kolonialmacht so massiv war, dass es praktisch keine diplomatischen Kanäle gab, um die Welt über die Lage in Korea zu informieren. Jung sieht sein Buch, in dem er neue Materialien veröffentlicht, namentlich Seos autobiografisches Manuskript über seine ersten fünfzehn Jahre im Ausland, als ein »Requiem« für den in Paris vergessenen Unabhängigkeitsaktivisten, »der seine Feder gegen alle Formen von Totalitarismus und Diktatur erhob«.

In seinem im Dezember 1933 in der linksintellektuellen Zeitschrift *Esprit* veröffentlichten umfangreichen Artikel »Le Problème Coréen« beschreibt Seo die von der japanischen Besatzungsmacht begangenen Gräueltaten. Nach der Schilderung der Erschießung von 37 Personen in einer Kirche durch die japanische Polizei beendet er seinen Bericht mit einer paradoxen Reaktion der japanische Presse:

> Die japanischen Zeitungen behaupteten, ihre Behörden hätten keinerlei Grausamkeiten begangen. Also lud ein amerikanischer Arzt, Direktor eines koreanischen Krankenhauses, japanische Journalisten ein, seinen Arbeitsplatz aufzusuchen, um sich selbst ein Bild von dem Vorgehen der japanischen Soldaten zu machen. Deren Antwort verbreitete sich in Seoul wie ein Lauffeuer: »Wir kennen die Wahrheit sehr wohl, aber in unseren Zeitungen äußern wir uns nur offiziell.«

Die Provisorische Regierung der Republik Korea

Nach seiner folgenschweren Teilnahme an der Rebellion des 1. März traf Seo Yeong-hae also im Dezember 1919 in Shanghai ein. Das Erste, was den koreanischen Ankömmlingen in der Französischen Konzession von Shanghai auffiel, schreibt Kim Gu im *Tagebuch von Baekbeom*, waren Frauen, die keine Röcke (sondern vermutlich Hosen) trugen und mit kleinen Ruderbooten die Passagierinnen und Passagiere übersetzten. Die Französische Konzession, in der die Provisorische Regierung in einem zweistöckigen Gebäude in der Straße Puqingli 4 ihren Sitz hatte, wurde zwischen 1849 und 1946 von Frankreich verwaltet und besitzt noch heute die letzten Reste einer besonderen Atmosphäre, die eher europäisch als chinesisch anmutet.

Was ist die Französische Konzession? Zur Erklärung bedarf es eines kurzen Blicks in die Geschichte Shanghais. Nach dem Ersten Opiumkrieg (zwischen Großbritannien und dem Kaiserreich China, 1839–1842, ausgelöst durch die Beschlagnahmung des Opiums britischer Händler) erzwang Großbritannien unter dem Vertrag von Nanking die Öffnung Shanghais für den Handel mit den europäischen Mächten. Die Wahl Großbritanniens fiel auf Shanghai als Vertragshafen, weil die Stadt seit den 1840ern zum wichtigsten Marktplatz Ostasiens geworden war. Mit dem Handel wurde auch die christliche Mission freigegeben, und Kaufleute und Missionare genossen strafrechtliche Freizügigkeit und Immunität. Nach Großbritannien folgte 1847 Frankreich. Diese beiden Mächte richteten die ersten ausländischen Konzessionen in Shanghai um eine Kathedrale ein, die ein französischer Missionar zweihundert Jahre zuvor gegründet hatte. In der Folgezeit bildete sich in der Stadt auch eine größere jüdische Gemeinde. 1863 kamen die USA, 1895 kam Japan in die Stadt. Sie gliederten ihre Gebiete der Britischen Konzession an, die sich zum sogenannten »International Settlement« ausgedehnt hatte. In einer Reihe privilegierter Enklaven, die auf unbestimmte Zeit gepachtet waren, fielen die Kaufleute unter die Gerichtsbarkeit ihres eigenen Landes oder gemischter Gerichte. Es gab auch eigene Polizeikräfte.

Für das koreanische Exil war die Französische Konzession von großer Anziehungskraft, weil sie sicherer war. Ohne offizielle Bewilligung der französischen Behörden konnte die japanische Polizei keine Durchsuchungen und Festnahmen durchführen. Die französische Polizei sympathisierte offen mit den koreanischen Revolutionären und warnten sie, wenn eine japanische Razzia geplant war.

Um 1917 lebten in Shanghai etwa fünfhundert Koreanerinnen und Koreaner, viele von ihnen Studierende. Diese Zahl stieg zur Zeit der Ersten-März-Bewegung auf über 1.000 an, da viele koreanische Exilierte aus China, der Sowjetunion und Korea in die Stadt kamen, die zum Zentrum der koreanischen Unabhängigkeitsbewegung wurde. Diese Leute hielten Verbindung nach Korea und Japan, in die Sowjetunion, in andere Gebiete Chinas sowie in die Mandschurei.

Die meisten koreanischen Menschen durchschauten anfangs die wahren Absichten Japans nicht, schreibt Kim Gu. Sie verstanden nicht, dass es der Plan Japans war, die Kolonialpolitik Frankreichs und Englands in Vietnam und Indien nachzuahmen und in Korea brutal umzusetzen. Doch als die japanische Besatzungsmacht nach der Annexion Koreas 1910 mit gnadenloser Härte gegen alle patriotisch eingestellten Personen vorging, entwickelte sich die antijapanische Stimmung zu einem Massenphänomen. Bestärkt wurde der Widerstand durch US-Präsident Woodrow Wilson, der nach Ende des Ersten Weltkriegs auf der Pariser Friedenskonferenz die Parole von der Souveränität aller Völker ausgab. In einer Rede im Januar 1917 hatte er den Krieg auf die »Missachtung der Rechte von kleinen Nationen und Völkern« zurückgeführt. Die Stimmen, die nach einer eigenen koreanischen Exilregierung verlangten, wurden lauter.

So kam es in Shanghai am 11. April 1919 zur Gründung der Provisorischen Regierung der Republik Korea, und Seo Yeong-hae wurde ihr jüngstes (und kleinstes) Mitglied. Der Staatsname wurde mit »Republik Korea« festgelegt. Auf der 1. Tagung des Provisorischen Parlaments setzte sich die Gruppe jener durch, die für einen freundlichen Umgang mit dem koreanischen Kaiserhaus plädierten.

Um den inneren Zusammenhalt zu stärken und wegen seiner guten Beziehungen zu den Vereinigten Staaten, wurde Syngman Rhee, der sich in den USA aufhielt, in absentia zum Premierminister ernannt. Ende der 1890er war er als Studentenführer in eine Verschwörung zur Abschaffung der konservativen koreanischen Regierung und für die Etablierung einer Demokratie nach westlichem Vorbild verwickelt gewesen. Er wurde zu lebenslanger Haft verurteilt, sechs Monate lang täglich gefoltert, in den Wirren des Russisch-Japanischen Krieges aber 1904 freigelassen, flüchtete nach Washington und promovierte 1910 an der Princeton Universität. Im selben Jahr kehrte er für kurze Zeit nach Korea zurück und startete eine Untergrundbewegung gegen die japanische Besatzung, die eine enorme Kopfprämie auf ihn aussetzte. Erneut musste Rhee fliehen, diesmal nach Hawaii, wo er eine Methodistenschule leitete. Als Basis seiner Tätigkeit als »Präsident«, wie er sich nach außen nannte, gründete er im Mai 1919 ein Büro des »Machtausübenden«.

Die formelle Proklamation der Provisorischen Regierung erfolgte am 23. April 1919. An diesem Tag wurden in Seoul Flugblätter und koreanische Fahnen verteilt, und an verschiedenen Orten der Hauptstadt erschallten Hochrufe auf die Unabhängigkeit Koreas, die Nationalversammlung und die Republik. Mehrere Personen wurden verhaftet.

Am 6. September 1919 wurde Syngman Rhee in namentlicher Einzelabstimmung in Shanghai zum Premierminister gewählt. Immer mehr koreanische Geflüchtete trafen nun aus ihren verschiedenen Exilorten in Shanghai ein, Syngman Rhee im Dezember 1920. Wegen Unstimmigkeiten in der Provisorischen Regierung setzte er sich aber schon im Mai 1921 wieder aus Shanghai ab. 1925 wurde er schließlich wegen Machtmissbrauchs seines Amtes enthoben.

Im Zusammenhang mit seiner geplanten Entsendung zur Pariser Friedenskonferenz, welche die Welt neu ordnen sollte, verfasste Rhee eine an den Präsidenten der Vereinigten Staaten Woodrow Wilson gerichtete Petition, in der er vorschlug, Korea unter die

Mandatsverwaltung des Völkerbundes zu stellen und dem Land für die Zukunft die vollständige Unabhängigkeit zuzusichern. Rhee verehrte die amerikanischen Ideale von Freiheit und Demokratie und sah die USA im pazifischen Raum als Gegengewicht zu Japan. Doch sein Vorschlag einer Mandatsverwaltung für Korea sorgte für heftige Auseinandersetzungen unter der koreanischen Exilregierung und machte Rhee von Anfang an zu einer umstrittenen Figur. Letztlich scheiterte die koreanische Vertretung unter der Leitung Kim Gyu-siks mit ihrem Vorhaben der Anerkennung der Unabhängigkeit Koreas und Zusicherung von Hilfe durch die Pariser Friedenskonferenz, da die beteiligten Staaten, darunter Japan, kein Interesse an der Aufnahme dieser Forderungen hatten. Syngman Rhee selbst konnte an der Pariser Friedenskonferenz nicht teilnehmen, weil das State Department ihm keinen Pass ausstellte, um Japan nicht zu verärgern. Auch Großbritannien, Frankreich und andere westliche Staaten waren allesamt Kolonialmächte, für die Japan ein Partner mit gleichen politischen Ansprüchen war.

Erneut große Hoffnungen verband man mit der Washingtoner Friedenskonferenz (November 1921 bis Februar 1922), an der neun Staaten teilnahmen, darunter wiederum Japan. Der in die USA zurückgekehrte Syngman Rhee wurde zum Chefdelegierten gewählt, es gelang ihm jedoch wieder nicht, als koreanischer Vertreter zugelassen zu werden. Wieder blieben die diplomatischen Bemühungen der Provisorischen Regierung und der koreanischen Beobachter erfolglos.

Das führte zu einer Enttäuschung über die Haltung der westlichen Staaten und zu einer Hinwendung mancher zur Sowjetunion. Die Spannungen zwischen den dem Kommunismus und dem Nationalismus verpflichteten Personen vertieften sich und machten auch vor der Beamtenschaft der Provisorischen Regierung nicht halt. Sogar die Mitglieder des Kabinetts waren in zwei Lager gespalten. Lee Dang-hwi, der stellvertretende Premierminister, setzte auf eine kommunistische Revolution, während Syngman Rhee auf die Etablierung einer Demokratie nach westlichem Muster hinarbeitete. Auch in den Kabinettssitzungen kam es zu harten Auseinandersetzungen. Unüberhörbar war der Ruf unter den jungen Kommunisten, den Befreiungskampf in eine kommunistische Revolution überzuführen. Mehrere Regierungsmitglieder traten zurück. Bei seiner Abreise aus Shanghai im Mai 1921 ließ Syngman Rhee eine Regierung zurück, die von inneren Problemen zerrüttet war.

Inzwischen hatte jedoch Lenin die Parole ausgegeben, dass unter kolonialen Unterdrückungsverhältnissen der nationale Befreiungskampf vor der kommunistischen Revolution Vorrang haben sollte. Sowohl die koreanischen Kommunisten als auch die Nationalisten waren ab Mitte der 1920er-Jahre beeinflusst von den Vorgängen in China, wo beim 1. Nationalkongress der Kuomintang die chinesische Einheitsfront gebildet und zu einer Partei aller antiimperialistischen Kräfte wurde. Die Rolle der Kuomintang in der chinesischen Revolution und die Führung durch die Kommunistische Partei in der UdSSR erschienen den für die Unabhängigkeit Koreas Kämpfenden beispielhaft. Doch der Plan zur Schaffung einer nationalen Einheitsfront der koreanischen Unabhängigkeitsbewegung wurde wegen fortgesetzter Machtkämpfe 1929 ad acta gelegt. Nach weiteren fruchtlosen Versuchen, eine gemeinsame Linie zu finden, wurden jeweils eigene nationalistische und kommunistische Organisationen gegründet, die getrennte Wege einschlugen.

Die Nationalisten bereiteten in Shanghai die Gründung einer Unabhängigkeitspartei Koreas (UPK) vor. Vorgesehen war eine enge Verbindung zwischen UPK und Provisorischer Regierung. Als theoretisches Konzept für den Unabhängigkeitskampf und für den Aufbau eines unabhängigen Koreas wurde das von Jo So-ang entwickelte Prinzip der drei Gleichheiten eingeführt: Gleichheit in den Bereichen Politik, Wirtschaft und Bildung sowie Gleichheit zwischen den Menschen, Nationen und Staaten. Dieses Prinzip diente als Leitidee auch weiterer politischer Parteien der koreanischen Unabhängigkeitsbewegung in China und stellte den Versuch eines dritten Weges zwischen Kommunismus und Kapitalismus dar.

1939 war der Versuch der Vereinigung beider Lager erneut gescheitert. 1941 fasste der Nationalist Kim Gu die Gründe für das jahrelange Scheitern der Vereinigungsbewegung aus seiner Sicht zusammen: Sie habe keine Kerntheorie geschaffen und sich nicht von der feudalen Ideologie befreit. Deswegen sei man ziellos zwischen Rechts und Links hin- und hergeschwankt.

Kim Gu

In der nunmehr japanischen Kolonie Korea hatte die Bewegung des 1. März unmittelbar danach eine brutale Repression durch die Besatzungsmacht zur Folge. Sie musste jedoch schließlich einsehen, dass sie die Zügel lockern musste, wollte sie ihre Macht festigen. Der neue Generalgouverneur Saito Mokoto brachte ein umfassendes Reformprogramm auf den Weg, im Rahmen dessen Verwaltung und Polizei zwar gestärkt wurden, die koreanische Bevölkerung aber die Möglichkeit erhielt, sich sozial, wirtschaftlich und kulturell freier zu bewegen. Viele arrangierten sich. Es kam zur Bildung von immer mehr koreanischen Firmen, einschließlich jener, die sich später zu gigantischen Komplexen wie Samsung und LG entwickelten und heute die südkoreanische Wirtschaft beherrschen.

Die zunehmende Landflucht und die massenhafte Integration koreanischer Staatsbürgerinnen und Staatsbürger in den Kolonialstaat führten zu einem dramatischen Anstieg der sozialen Mobilität und in deren Folge zu einer grundlegenden Transformierung des starren Klassensystems. Angehörigen früher verachteter Gruppen wurde nun der gesellschaftliche Aufstieg möglich. Diese Ent-

Yeong-hae und ein Junge mit Hund, Frankreich

wicklung machte natürlich auch vor den Frauen nicht halt. Neben die traditionelle Frauenrolle, die die überwältigende Mehrheit der Frauen auf dem Land nach wie vor nicht hinterfragen konnte, trat in den Städten die »Neue Frau«, das »Moderne Mädchen«. Die vielen jungen Frauen, die auf der Suche nach Arbeit in die Städte strömten und in den neu entstandenen Fabriken unterkamen, konnten diesem schillernden Frauenbild zwar nicht entsprechen, sie eroberten sich aber dennoch mit ihren neuen Erfahrungen und dem kargen Lohn ein Stück Unabhängigkeit.

In der Kolonialzeit wurde Pjöngjang, die heutige Hauptstadt Nordkoreas, das »Jerusalem des Ostens« genannt, womit die zentrale Rolle des Protestantismus in Korea gemeint war, den nordamerikanische Missionare Ende des 19. Jahrhunderts ins Land gebracht hatten. Angesichts der japanischen Bemühungen, den westlichen Einfluss in Bildung, Religion und Medizin einzudämmen, wurde der Protestantismus mit dem Widerstand gegen die japanische Herrschaft gleichgesetzt, was zu dessen Popularität beitrug. Sechzehn der dreiunddreißig Unterzeichner der Unabhängigkeitserklärung des 1. März betonten ihre Zugehörigkeit zum protestantischen Glauben. Religion und Nationalismus verschmolzen zu einer kollektiven, gegen das Kolonialsystem gerichteten Identität.

Gut möglich, dass Seo Yeong-hae die Modernisierung der koreanischen Gesellschaft unter der japanischen Kolonialherrschaft ebenso wenig mitbekam wie die ideologischen Konflikte innerhalb der Provisorischen Regierung, denn nach anderthalb Jahren in Shanghai, in denen er sein Chinesisch verbesserte, verließ er achtzehnjährig am 6. November 1920 die feuchtschwüle Stadt, um in Frankreich die Schule zu besuchen. Vielleicht durchlebte er in seiner Zeit am Lycée von Beauvais eine kurze Periode der Sorglosigkeit.

Seo Yeong-hae und die Weltlage

In den 1930ern entwickelte Seo Yeong-hae Aktivitäten in alle Richtungen. Das Abitur am Lycée Marceau in Chartres hatte er 1926 in erstaunlichem Tempo bestanden und lebte nun in Paris, vorerst im 15. Arrondissement, später in der rue Malbranche 7 im Quartier Latin.

Ahn Chang-ho, der vielen Koreanerinnen und Koreanern als der wichtigste moralische und philosophische Führer Koreas im 20. Jahrhundert gilt, wurde in Shanghai im Zusammenhang mit dem Bombenanschlag auf den Hangzhou Park vom 29. April 1932 festgenommen. Auf der japanischen Festtribüne wurden einige hochrangige Personen getötet oder verwundet, darunter der oberste Heerführer der japanischen Armee in China. Ahn war von Kim Gu brieflich gewarnt worden, sich ab einer bestimmten Uhrzeit nicht mehr zu Hause aufzuhalten, hatte die Warnung aber ausgeschlagen. Der Attentäter Yun Bong-gil, dessen Handgranate als Wasserflasche getarnt war, versuchte, sich nach dem Anschlag mit einer zweiten in einem Bento-Karton versteckten Bombe das Leben zu nehmen, doch sie detonierte nicht. Yun Bong-gil wurde nach Japan gebracht, von einem Militärgericht abgeurteilt und am 19. Dezember von einem Exekutionskommando hingerichtet.

Der Anschlag sorgte in der ausländischen Presse für erhebliche Aufregung, wobei die Bekundungen des Missfallens überwogen. Der japanische Botschafter in China, der bei dem Attentat sein rechtes Bein verlor, erhielt mehr als 400 Sympathietelegramme. In der französischen Presse überwog eine negative Bewertung des Anschlags – »bedauernswertes Ereignis«, »schreckliches Attentat«, »ein neues Sarajevo« –, während er die Sympathie der chinesischen Nationalistinnen und Nationalisten für die koreanische Unabhängigkeitsbewegung festigte. So lobte der Präsident der chinesischen Kuomintang-Regierung, Chiang Kai-shek, Yuns Attentat und be-

Yun Bong-gil, 1932
Plakattext: Als Mitglied der Koreanischen Patriotischen Vereinigung schwöre ich, die Militärführer des Feindes zu töten, die Korea besetzt halten, um unserem Land die Unabhängigkeit und Freiheit wiederzugeben.

zeichnete ihn als »einen jungen Koreaner, der erreicht hatte, was Zehntausenden chinesischen Soldaten nicht gelang«.

Im koreanischen Exil sorgte das Attentat für grenzenlose Begeisterung. Die Spenden an die Provisorische Regierung schossen in die Höhe, sodass ihre Arbeit nun in erheblich größerem Umfang fortgesetzt werden konnte. Yun Bong-gil gilt in Südkorea noch heute als Nationalheld. 1962 erhielt er posthum von der Republik Korea den Verdienstorden der Nationalstiftung, und in Seoul, Shanghai und im japanischen Kanazawa wurden Denkmäler zu seinen Ehren errichtet.

Nach dem Anschlag war die Provisorische Regierung Koreas extremen Repressionen durch die japanische ebenso wie durch die französische Polizei ausgesetzt. Vielleicht hatte sich Kim Gu, der sich offiziell zum Hauptverantwortlichen für das Attentat bekannte, in der Französischen Konzession allzu sicher gefühlt. Die Provisorische Regierung musste Shanghai überstürzt verlassen und sich an anderen Orten Chinas niederlassen, in den Tagen nach dem Attentat in Hangzhou, danach 1935 in Jiaxing, 1937 in Changsha, 1938 in Guangdong und Liuzhou, 1939 in Qijang und schließlich 1940 in Chongqing, dem letzten Standort, wo sie bis Dezember 1945 blieb, als die Regierungsmitglieder in das befreite Korea zurückkehrten.

Aus unterschiedlichen Gründen gibt es nicht viele Dokumente über die Provisorische Regierung. Zum einen hatte der häufige Ortswechsel aufgrund der sich verschärfenden Repression durch die japanischen Behörden es nicht ermöglicht, sich dem Archiv zu widmen. Zum anderen stürmte die japanische Polizei unmittelbar nach dem Attentat den Regierungssitz und konfiszierte alles, was sie vorfand. Danach stellte die Provisorische Regierung die verlorenen Dokumente wieder zusammen und fügte dem Konvolut neue aus der Chongqing-Periode hinzu. Bei ihrer Rückkehr nach Korea im Dezember 1945 brachte die Regierung 13 Kartons Archivmaterial mit, die jedoch während des Koreakriegs (1950 bis 1953) verlorengingen.

Kim Gu bekannte sich auch zu dem missglückten Attentat auf den Tenno in Tokio am 8. Januar 1932, und es wurde ein Kopfgeld auf ihn ausgesetzt. Er flüchtete nach Jiaxing in der östlich von Shanghai gelegenen Provinz Zhejiang und nahm den Namen seiner Frau an.

Auch Ahn Chang-ho litt unter der japanischen Repression: Als eingebürgerter chinesischer Staatsbürger wurde er gesetzeswidrig von der japanischen Polizei in das besetzte Korea ausgeliefert und zu fünf Jahren Gefängnis verurteilt. Gegenüber den französischen Behörden protestierte Seo gegen die Verhaftung Ahns in der Französischen Konzession und appellierte über die französische Presse an das »Gewissen Europas«. In diesem Appell berichtete er über die Unterdrückung des koreanischen Volkes durch die japanische Kolonialregierung und kritisierte die Verhaftung und Auslieferung Ahns als Verletzung des Rechts auf politisches Asyl, eine Tradition, auf die Frankreich zu Recht stolz sein konnte. Auch die Französische Föderation für den Schutz der Menschen- und Bürgerrechte schickte einen Brief an den französischen Außenminister. Obwohl es Seo nicht gelang, die Verhaftung Ahns rückgängig zu machen, so konnte er doch die Öffentlichkeit aufrütteln und erreichen, dass der

Syngman Rhee mit Seo Yeong-hae,
vermutlich Genf, 1933

Außenminister einen Brief an die Provisorische Regierung schrieb. Ahn wurde 1938 krankheitshalber aus dem Gefängnis entlassen und starb noch im März desselben Jahres. 2012 wurde er posthum in den International Civil Rights Walk of Fame im Martin Luther King Jr. National Historic Site von Atlanta, Georgia, aufgenommen.

1933 verbrachte Syngman Rhee fünf Monate in Genf, um sich beim Völkerbund für die Unabhängigkeit Koreas einzusetzen. Sein ständiger Begleiter war Seo Yeong-hae, der ihm bei französischsprachigen Gesprächspartnern als Übersetzer zur Seite stand und Rhee diverse wichtige Persönlichkeiten vorstellte. Persönlich konnten sie unterschiedlicher nicht sein. Der 27 Jahre ältere Rhee war autoritär, herrschsüchtig und eigensinnig, der schmale Seo nur 1,60 m groß, hatte eine dunkle Hautfarbe und strahlte mit seiner Lloyd-Brille Pariser Flair aus. Obwohl von zurückhaltender Art, konnte er mit seinem Humor und seiner Redegewandtheit die Leute rasch für sich gewinnen. Durch seine gute Kenntnis der chinesischen Sprache gelang es Seo, die chinesische Delegation davon zu überzeugen, Syngman Rhee als koreanischen Vertreter zu akzep-

Syngman Rhee mit Franziska Donner

tieren. Rhees Rede war die erste Rede, die vor dem Völkerbund in koreanischer Sprache gehalten wurde. Er forderte den Schutz von einer Million Koreanerinnen und Koreanern in der Mandschurei und in China und erinnerte die Weltgemeinschaft an die von Japan ausgeübte Gewalt in Korea. Nach der Invasion in die Mandschurei hatte Japan den Völkerbund verlassen.

Die beiden ungleichen Freunde verfassten eine gemeinsame Erklärung in englischer und französischer Sprache. Seo erklärte in seiner Fassung des Communiqués, dass der größere Teil der Mandschurei einst auf dem Territorium der Republik Korea gelegen hatte, doch Syngman Rhee befürchtete, mit dieser Äußerung Chiang Kai-shek zu verärgern und wollte diesen Teil streichen. Sie einigten sich darauf, die Meinungsverschiedenheit am kommenden Tag beizulegen, doch da hatte Rhee diesen Satz in der englischen Fassung bereits weggelassen. Darauf zerriss Seo wütend den englischen Text. Dieses Vorkommnis bildete vielleicht die Grundlage für den späteren Konflikt zwischen den beiden Männern, den Seo nicht gewinnen konnte.

Als Rhee ein schmales Büchlein mit dem Titel *Koreans in Mandschuria* über die Ergebnisse der Untersuchungskommission des Völkerbundes zur Lage der koreanischen Bevölkerung in der von Japan besetzten Mandschurei schrieb, war ihm Seo als Journalist bei der Arbeit behilflich und kann praktisch als Co-Autor angesehen werden. Im Wesentlichen geht es um die Forderung, die koreanische Bevölkerung in der Mandschurei als neutrale Bürgerinnen und Bürger zu betrachten. Seo selbst schrieb in dieser Zeit seinen zehnseitigen Artikel »Le Problème Coréen« für die französische Zeitschrift *Esprit*, der im Dezember 1933 erschien. Und Rhee lernte seine künftige Frau kennen, die Österreicherin Franziska Donner, die in Genf als Dolmetscherin arbeitete.

1934 erschien Seos Sammlung koreanischer Märchen *Miroir, Cause de Malheur!* (»Spiegel, Ursache des Unglücks!«). Im Vorwort erklärt der Autor dem französischen Publikum, dass die musikalische koreanische Sprache nichts mit dem Chinesischen oder Japanischen zu tun habe und sich durch ihre einfache, aber perfekte – 1446 von König Sejong erfundene – Buchstabenschrift, Hangeul, von jeder anderen asiatischen Sprache unterscheide. Die Geschichte seines Volkes, schreibt Seo, sei vor allem in seinen Erzählungen und Liedern zu entdecken. Über Jahrhunderte hinweg sei sie über das Gedächtnis der bäuerlichen Bevölkerung überliefert worden. Über die Geschichten der schlichten, ungekünstelten Bäuerinnen und Bauern würde sich das jahrtausendealte Korea entfalten und uns seine uralte Moral vor Augen führen, seine Religiosität, seine Sitten und Gebräuche und den tief verwurzelten Glauben an Gerechtigkeit. In einer Familie sei die väterliche Autorität ebenso absolut wie die Autorität des Königs, schreibt Seo, aber jenseits davon gebe es noch das göttliche Gesetz. In den von ihm aufgeschriebenen Erzählungen würde sich Gott andauernd einmischen, um die Menschen zu schützen und die Bösen zu bestrafen. Sein Einfluss sei auch dort spürbar, wo er ungenannt bleibt.

»Diese Sammlung speist sich aus meinen lang zurückliegenden Kindheitserinnerungen«, schreibt der Autor im Vorwort.

Ich beziehe mich nicht auf geschriebene Texte – aus dem einfachen Grund, weil es sie nicht gibt. Obwohl einige Erzählun-

Cover des Buches Miroir, Cause de Malheur!, *1934*

gen durchaus eine schriftliche Tradition haben, so entstammen die meisten meiner Märchen aus der mündlichen Überlieferung meiner Großmutter. Andere wieder hat mir mein Onkel erzählt, ein braver Bauer mit einem aufbrausenden Temperament. Wieder andere gehen auf meinen gestrengen Lehrer zurück. Viele fesselnde Erzählungen wurden aber vor allem von den edlen und gebildeten »Vagabunden« beigesteuert, die an ihrem Lebensabend durchs Land streiften und sich häufig im Wohnzimmer meines Vaters einfanden.

Die titelgebende Erzählung von *Miroir, Cause de Malheur!* erzählt von Menschen, die sich zum ersten Mal im Spiegel sehen. Professor Choe Jeong-won von der Korea University analysiert in seiner Dissertation, dass der Spiegel eine Botschaft gegen den menschlichen Wahnsinn sende, »gegen das Unglück, das sich ausbreitet, weil wir unfähig sind, diesen Wahnsinn zu erkennen«. Neben der satirischen Darstellung der Selbsterkenntnis könne die Erzählung auch als Bedürfnis nach Rettung der Rolle des Spiegels als Mittel der Selbstkritik verstanden werden. Vielleicht verberge sich darin auch die indirekte Absicht, dem kolonisierten koreanischen Volk seine elende Realität vor Augen zu führen.

Im Vorwort schreibt Seo Yeong-hae über seine Absicht, zu einem größeren Verständnis zwischen Orient und Okzident beizutragen:

> Um die Vergangenheit und die glorreiche Gegenwart dieses Landes den Menschen auf der ganzen Welt näherzubringen, habe ich mein Bestes für das gegenseitige Verständnis von Okzident und Orient gegeben. Angesichts der Tatsache, dass die Geschichte einer Nation die Geschichte seiner Märchen und Lieder ist, spiegeln die koreanischen Märchen und Lieder auch das Leben der Koreaner wider.

In dem monatlichen Bulletin »France-Japon« wird das Buch am 10. Oktober 1934 wie folgt vorgestellt:

> Diese vom Autor aus der eigenen Kindheitserinnerung zusammengetragenen Erzählungen sind verschiedener Herkunft und speisen sich aus unterschiedlichen Inspirationen. Manche, kleine märchenhafte Stücke voller Humor, scheinen auf koreanischem Boden entstanden zu sein; andere, geprägt von buddhistischer Tiefe, handeln von lokalen Traditionen und Personen. Alle Erzählungen unterliegen mehr oder weniger großen literarischen Bearbeitungen, doch bewahren sie trotz der anderen Sprache ihren Charakter; die Erzählungen sind überdies der Ausdruck einer Volkskultur, die eine universelle Seite hat. Man würde gern noch weitere kennen.

In den 1930ern reiste Seo Yeong-hae von Kongress zu Kongress und erstattete der Provisorischen Regierung in Shanghai über Vermittlung der chinesischen Botschaft in Paris Bericht. Mit Jo So-ang, dem Sekretär und PR-Verantwortlichen der Provisorischen Regierung, und mit Kim Gu tauschte er sich so oft brieflich aus, dass er den Spitznamen »Baekbeoms Pariser Korrespondent« erhielt. (Baekbeom war Kim Gus Beiname.) Zusammen mit Jo So-ang waren Kim Gu und Seo beide Mitglieder der 1935 gegründeten Nationalrevolutionären Partei Koreas. Seinen Lebensunterhalt verdiente sich Seo durch Artikel, die er für verschiedene Zeitungen und Zeitschriften weltweit schrieb. So wurde er von der *Korea Nationalist Weekly* in New York für die Gründung von *Agence Korea* beglückwünscht und gebeten, der Zeitung Artikel zuzusenden, am liebsten kurze, man könne aber auch längere in Fortsetzungen abdrucken.

Es versteht sich von selbst, dass Seo im Juni 1935 am Ersten Internationalen Schriftstellerkongress zur Verteidigung der Kultur im Pariser Palais de la Mutualité teilnahm, einen Steinwurf entfernt von seiner Wohnung in der rue Malebranche. Unter dem Eindruck der Bedrohung durch den Nationalsozialismus fanden sich Schriftstellerinnen und Schriftsteller aus 38 europäischen Ländern in Paris ein, darunter die Organisatorinnen und Organisatoren Ilja Ehrenburg, André Gide, Paul Nizan, Romain Rolland und André Malraux sowie auf deutscher Seite Heinrich Mann, Anna Seghers, Bertold Brecht, Egon Erwin Kisch, Lion Feuchtwanger und der unpolitische Schriftsteller Robert Musil. Die Fotos machte Gisèle Freund. An die Seine reiste auch eine repräsentative sowjetische Delegation, der zwanzig bekannte Schriftstellerinnen und Schriftsteller angehörten.

Die Rede Boris Pasternaks, der trotz einer Erkrankung von Stalin persönlich zur Teilnahme am Kongress »einberufen« wurde, passte nicht in das politische Konzept der sowjetischen Kulturideologie. Er habe, erzählte er dem englischen Philosophen und Slawisten Isaiah Berlin nach dem Krieg, unter anderem gesagt:

> Mir ist klar, dass das ein Kongress von Schriftstellern ist, die sich zusammengefunden haben, um den Widerstand gegen den Faschismus zu organisieren. Ich kann euch dazu nur eines sagen: Organisiert euch nicht! Die Organisation ist der Tod der Kunst. Wichtig ist nur die persönliche Unabhängigkeit. 1789, 1848 und 1917 haben sich die Schriftsteller auch nicht zur Verteidigung von etwas oder gegen etwas organisiert. Ich beschwöre euch! Organisiert euch nicht!

Das muss auch für die westlichen Schriftstellerinnen und Schriftsteller ein Skandal gewesen sein. Pasternaks Redebeitrag wurde, wie zu erwarten, dann nur wesentlich gekürzt veröffentlicht. Fünf der sowjetischen Schriftsteller, die in Paris dabei waren, wurden in den nachfolgenden Jahren zu Opfern von Stalins Gewaltherrschaft.

Fünf Tage lang diskutierte man über brennende Fragen wie kulturelles Erbe, Humanismus, die Rolle von Schriftstellerinnen und Schriftstellern in der Gesellschaft und ihre begrenzten Möglichkeiten, auf den Lauf der Geschichte Einfluss zu nehmen. Der große Saal der Mutualité war brechend voll. Die Schriftstellerinnen und Schriftsteller verschiedenster politischer Richtungen – ob mit liberaler, marxistischer oder idealistischer Einstellung – bekräftigten die enge Verbundenheit ihres Schicksals mit dem der arbeitenden Bevölkerung, die in großer Zahl gekommen war, um den Vorträgen zu lauschen. Was alle einte, war das Entsetzen über die tödliche Bedrohung der Kultur und des Denkens durch den Faschismus.

»Es ist recht merkwürdig, dass im Jahr 1935 eine Schriftstellerversammlung nach der Freiheit des Denkens verlangt«, sagte Heinrich Mann in seinem leidenschaftlichen Appell.

> Im Jahr 1535 wäre es neu gewesen. Die Eroberungen des individuellen Denkens, damit fängt die moderne Welt an – die jetzt der Auflösung nahe scheint. Dadurch wird alles wieder in Frage gestellt, sogar was gar Jahrhunderte lang erledigt gewesen war. Die Gewissensfreiheit, so viele Geschlechter haben um sie gekämpft, und jetzt ist sie nicht mehr sicher. Das Denken selbst ist gefährdet, und doch ist der Gedanke der Schöpfer der Welt, in der wir noch leben. Nicht nur aus taktischen Gründen vermeide ich, von einem einzelnen Land zu sprechen. Die bewusste Tendenz ist allgemein, wenigstens im Westen. […] Gewiss, die Freiheit zu denken ist vorhanden, sonst hätten wir überhaupt nicht zusammenkommen können. Wo sie aber noch besteht, hat man leider nicht den Eindruck, dass sie für lebensnotwendig gilt. Ein Land dagegen, das den Gedanken schon unterdrückt hat, bekennt sich laut zu der Meinung, dass die Unterdrückung des Gedankens durchaus lebensnotwendig ist. […] Widerstand ist geboten. Man muss sich wappnen, nicht mit Geduld, sondern mit gefestigten

> Überzeugungen. Man muss Beispielen folgen und sich einig werden, was zu tun ist. Wir dürfen nicht warten, bis dies Unglück vollständig wird und sich ausdehnt über noch mehr Länder der westlichen Gesittung. Zu verteidigen haben wir eine ruhmreiche Vergangenheit und was sie uns vererbt hat, die Freiheit, zu denken und nach Erkenntnissen zu handeln. Wir haben strahlenden Beispielen zu folgen. Wir sind die Fortsetzer und Verteidiger einer großen Überlieferung: Wir, nicht aber die anderen, die den Unterdrückern des Gedankens zu Willen sind oder ihnen Sympathie zeigen. Wenn die Unterdrücker ihrerseits großtun, als verteidigten sie irgendetwas, dann wüsste man gern, was. Die westliche Zivilisation? Sie pfeifen drauf und führen sie fälschlich im Munde. Anstandslos opfern sie das Denken, wenn es ihre Interessen bedroht oder ihnen persönlich lästig wird. Schon sind sie da, mit Verbrennungen, Ausbürgerungen und den anderen Mitteln, die der Höhe ihres Geistes entsprechen.

Was dachte wohl Seo Yeong-hae? Bestimmt war er der einzige asiatische Teilnehmer an der Konferenz. Doch die Lage der Kultur in seinem Heimatland unterschied sich wenig von dem, was sich der Faschismus in Europa anzurichten anschickte. Mit Pasternak war er wohl nicht einverstanden. Wahrscheinlich fühlte er sich eher zur Gruppe der marxistischen Schriftstellerinnen und Schriftsteller hingezogen.

Zum Mitglied der Sonderkommission für auswärtige Angelegenheiten der Provisorischen Regierung in Frankreich ernannt, verfasste Seo 1936 ein politisch-diplomatisches Manifest:

> Derzeit verläuft der von unserer Nation eingeschlagene Weg nicht über den Opfergeist unserer revolutionären Kameraden und des koreanischen Volkes im In- und Ausland. Wir streben die Befreiung unseres Landes vom japanischen Imperialismus auf gewaltfreiem Weg an. Angesichts der Schwäche unserer Nation müssen wir die internationale Lage berücksichtigen und die Gelegenheit wahrnehmen, mächtigen Feinden die Stirn zu bieten. Zu diesem Zweck bedarf es einer Außenpolitik, die sich auf unsere Provisorischen Regierung konzentriert.

Seo definierte die diplomatischen Schwerpunkte der Provisorischen Regierung:

1. Angesichts des großen Interesses mehrerer Länder an der pazifischen Region unterstreichen wir die von Japan ausgehende Gefahr und schaffen eine Dynamik gegen Japan.
2. Wir betonen die Bedeutung der Unabhängigkeit Koreas als Grundlage für den Frieden in Ostasien im Rahmen des Weltfriedens und suchen die Sympathien der Welt.
3. Wir kritisieren die intensive Kampagne Japans zugunsten von Investitionen in der Mandschurei, mit dem Ziel, sich Mandschukuo einzuverleiben, und weisen auf das Risiko solcher Investitionen hin.
4. Wir fördern unser Anliegen durch Nutzung des psychischen Zustands der europäischen Nationen, die durch den Zustrom japanischer Produkte auf das europäische Territorium beträchtliche wirtschaftliche Nachteile zu gewärtigen haben.
5. Wir versuchen, den internationalen Zeitungen in Paris und Genf die Hand zu reichen und Sympathien zu erwerben, um zu erreichen, dass unser Anliegen in den Zeitungen in aller Welt veröffentlicht wird.

Schon bald gab es im Nachbarland Frankreichs den nächsten verzweifelten Versuch, das Schlimmste abzuwenden. Im September 1936 reiste Seo nach Brüssel, um am Weltfriedenskongress teilzunehmen, zusammen mit etwa 5.500 politisch unterschiedlich orientierten Delegierten aus aller Welt. Anlass für den Kongress war der Abessinienkrieg, der mit der italienischen Kriegserklärung am 2. Oktober 1935 und dem Einmarsch italienischer Truppen am folgenden Tag begann und am 9. Mai 1936 mit der Annexion Äthiopiens durch das faschistische Italien endete. Am 1. Juni erfolgte die Vereinigung des besetzten Abessiniens mit den Kolonien Italienisch-Somaliland und Eritrea zur Kolonie Italienisch-Ostafrika. Der Abessinienkrieg war der erste große Konflikt, den eine europäische Macht nach dem Ersten Weltkrieg begann, und die erste von einer faschistischen Macht angezettelte kriegerische Auseinandersetzung.

Als Sonderbeauftragter der Provisorischen Regierung Koreas traf sich Seo unermüdlich mit Delegierten und Berichterstattenden aus vierzig Ländern, um ihnen die Bedeutung Koreas für den Weltfrieden und den Frieden in Asien zu erklären und ihnen die Unterstützung der koreanischen Unabhängigkeitsbewegung nahezulegen. Der Frieden, den das koreanische Volk wünsche, betonte er ein ums andere Mal, sei kein Frieden von Sklaven, und er persönlich werde bis zu seinem letzten Atemzug gegen Japan kämpfen. Japan, das einzig und allein auf Macht und Gewalt setze, habe keinen Sinn für Gerechtigkeit und Menschlichkeit, weshalb jene, die wirklich an einem Frieden interessiert seien, geistig und materiell die Unabhängigkeit Koreas unterstützen müssten. Doch war sich Seo gleichzeitig bewusst, dass die Aufmerksamkeit Europas zu jenem Zeitpunkt auf den Spanischen Bürgerkrieg gerichtet war, der seit Juli 1936 tobte.

Mit dem diplomatischen Auftrag der Provisorischen Regierung im Gepäck reiste Seo nach Skandinavien, in den Balkan und in den Nahen Osten, um in Vorträgen, Pressekonferenzen und Artikeln seiner Lobbyarbeit nachzugehen. Es gibt auch Hinweise, dass er Zweigstellen der *Agence Korea* in London und in der Tschechoslowakei unterhielt, allerdings ist nicht klar, wer die Verantwortlichen dieser Büros waren und wie sie finanziert wurden. Vielleicht beauftragte er eine dort lebende Person, sich um die Geschäfte zu kümmern. Für eine propagandistische Kampagne größeren Umfangs fehlte ihm und der Provisorischen Regierung das Geld, doch nutzte Seo als Korrespondent französischer Zeitungen die Gelegenheit, verschiedene europäische Städte zu besuchen.

Im April wird Seo offiziell zum Korrespondenten der Provisorischen Regierung in Frankreich ernannt und steht im regelmäßigen Kontakt mit Kim Gu und Jo So-ang. »Ich und unsere Kollegen freuen uns über die Zusammenarbeit mit Ihnen«, schreibt ihm Kim Gu am 1. April 1936 von unterwegs.

> Wir sind sicher, dass wir mit Ihnen zusammen das Ziel unseres Freiheitskampfes erreichen werden. [...] Wir werden Sie mit verschiedenen Aufgaben betrauen und Ihnen Unterlagen zukommen lassen. [...] Wir bemühen uns in ganz Europa um militärische,

politische und literarische Kontakte und werden dazu Ihre Meinung einholen.

Am 3. Dezember 1937 schreibt Seo an Kim Gu, dass er finanzielle Probleme habe und mit einem chinesischen Komitee zusammenarbeite. Am 3. Dezember 1938 antwortet Kim Gu auf einen zwei Monaten zuvor geschriebenen Brief und erklärt die Verzögerung damit, dass die Provisorische Regierung Ende September Guangdong verlassen musste, weil die Stadt von Japan zerbombt wurde. Jetzt befinde man sich in Chongqing im Nordwesten Chinas. Kim habe, teilt er Seo mit, die Nationalistische Partei gegründet, und bekräftigt die Verbundenheit Koreas mit China. Man plane einen monatlichen Newsletter in chinesischer Sprache, wofür man Informationen aus Paris benötige. Am 2. Juni 1940 schreibt Jo So-ang, dass sich drei Parteien geeinigt und eine Unabhängigkeitspartei gegründet hätten, für die man dringend diplomatische Beziehungen zu Europa brauche. In Korea herrsche eine revolutionäre Stimmung. Die Menschen könnten die Besatzung nicht länger ertragen und seien kampfbereit. Darüber sei Japan beunruhigt. In den Briefen wird ein neuer Kalender verwendet, der mit der Gründung der Provisorischen Regierung am 11. April 1919 beginnt.

Im November 1937 war Seo wieder in Brüssel, wo die Vertreter der Unterzeichnerstaaten des 1922 geschlossenen Neun-Mächte-Abkommens zusammentrafen. Mit dem Abkommen wollte man eine weitere Einschränkung von Chinas Souveränität durch Japan verhindern. Das Abkommen wurde verletzt, als Japan 1931 in die Mandschurei einfiel. 1937 überfiel Japan die Republik China, und den USA blieb bei der Konferenz nur noch ein formaler Protest. Durch den Beginn des Zweiten Weltkriegs wurde das Abkommen de facto obsolet.

Am 5. August 1937 veröffentlichte Seo einen Artikel über die Achse Berlin – Rom – Tokio. »Das Drama, das sich heute im Fernen Osten abspielt, betrifft die ganze Welt«, schrieb die Redaktion im Vorspann. Doch die traurige Tatsache sei, dass die ganze Welt wegsah, als die Kaiserlich Japanische Armee im Dezember 1937 in Nanjing ein unbeschreibliches Massaker anrichtete. Seo schrieb über den japanischen Imperialismus, den Russisch-Japanischen Krieg von 1904, die Invasion Koreas 1910 und die Besetzung der Mandschurei 1931. Und nun stehe 1937 ein Japanisch-Chinesischer Krieg bevor. Seo hielt das durch den Bürgerkrieg geschwächte China für nicht vorbereitet auf einen Krieg. China brauche Frieden, um sein Projekt der nationalen Sammlung zu vollenden, er sei jedoch auch davon überzeugt, dass es dank seiner Ressourcenvielfalt und seines immensen Menschenreservoirs am Ende in der Lage sein würde, Japan durch schiere Erschöpfung zu besiegen.

Am Tag, als der Artikel erschien, lieferten sich japanische und chinesische Soldaten an der Marco-Polo-Brücke in Beijing Feuergefechte. Dieser »Zwischenfall« gilt als Beginn des Zweiten Japanisch-Chinesischen Krieges. Entgegen der japanischen Erwartungen gab die Führung der Kuomintang unter Chiang Kai-shek dem japanischen Druck nicht nach und stellte sich auf einen langen Verteidigungskrieg ein. Das mehrwöchige Massaker, das die japanischen Truppen bei der Einnahme der Kuomintang-Hauptstadt Nanjing ab dem 8. Dezember 1937 anrichteten, muss für Seo ein niederschmetternder Schock gewesen sein. Die Details des Vorgehens der japanischen Soldaten sind zu grauenhaft, um sie niederzuschreiben. Aber letztlich hatte Seo recht: Die japanische Seite konnte Nanjing mit Terror jeglicher Art zwar schnell in die Knie zwingen, ihr Ziel, die Kapitulation Chinas, erreichte sie jedoch nicht. Doch der japanische Eroberungsfeldzug in China, der in Japan bis heute nur mangelhaft aufgearbeitet ist, forderte an die 15 Millionen Tote.

Ein Jahr nach Beginn des im April 1939 letztlich geglückten Versuchs rechtsgerichteter Putschisten unter General Francisco Franco, die demokratisch gewählte Zweite Spanische Republik zu zerschlagen, wurde im Juli 1937 der Zweite Internationale Schriftstellerkongresses zur Verteidigung der Kultur in Spanien einberufen. Mit etwa zweihundert Teilnehmenden fand die Eröffnung am 4. Juli 1937 in Valencia statt, dem damaligen Sitz der Regierung. Danach tagte der Kongress vom 6. bis 8. Juli in Madrid und kehrte zu weiteren Beratungen am 10. Juli nach Valencia zurück. Ein Meeting in Barcelona am 11. Juli beendete den Spanien-Teil des Kongresses.

Viele namhafte Europäerinnen und Europäer waren schon in Paris dabei gewesen, aber jetzt kamen auch Schriftstellerinnen und

Schriftsteller aus anderen Teilen der Welt dazu, wie Octavio Paz und Pablo Neruda. Und wieder standen vor allem zwei Fragenkomplexe im Vordergrund: die Verteidigung der Kultur und die Rolle der schreibenden Zunft. Die Teilnehmenden waren sich einig, dass die Verteidigung der Kultur gleichbedeutend sei mit der Verteidigung Spaniens. Einem der bedeutendsten Vertreter der spanischen Literatur im 20. Jahrhundert blieb es nicht mehr vergönnt, am Kongress teilzunehmen. Federico García Lorca, der sich auf der Liste der Teilnehmenden am Kongress befand, wurde wahrscheinlich am 18. August 1936 in der Nähe von Granada erschossen.

Eine prominente Teilnehmerin aus Deutschland war die Schriftstellerin Anna Seghers. »Heute ist es ein Jahr, dass wir nach Spanien fuhren«, schrieb sie im Juli 1938 an einen Freund.

> So kurz ich dort war, das war etwas Entscheidendes. Manchmal kommt es mir vor, ich kann es nicht anders ausdrücken, als sei dort alles zu brennend, zu intensiv gewesen, so dass man sich schwer an das gewöhnliche Leben zurückgewöhnt, dass einem alles, was nachkommt, blasser und gedämpfter vorkommt.

Nicht nur in diesem Brief, auch in anderen Texten und Äußerungen betonte Seghers noch lange den »großen Eindruck«, den ihr kurzer Aufenthalt in Spanien auf sie gemacht habe, schrieb Georg Pichler in einem Essay über Anna Seghers auf dem Schriftstellerkongress. Noch im Juni 1937 hatte sie in ihrem Tagebuch bezweifelt, ob der Kongress in Spanien überhaupt zustande kommen würde.

Als es dann soweit war, reiste sie, wie die meisten Delegierten, aus ihrem Pariser Exil an; die englischen Teilnehmenden, die von ihrer Regierung keine Pässe erhalten hatten, und »einige deutsche Emigranten« mussten illegal über die Grenze gebracht werden. Gemeinsam mit Martin Andersen-Nexö und den Holländern Johan Brouwer und Nico Rost sowie »einem chinesischen Freund« (kein anderer als Seo Yeong-hae) fuhr Seghers mit dem Nachtzug nach Portbou an der Costa Brava und von dort weiter nach Barcelona. Danach ging es nach Valencia und schließlich nach Madrid, chauffiert von Alfredo, einem Spanier, der später über französische Lager im Konzentrationslager Dachau endete. Die Reise von Paris nach

Seo in Valencia, 1937

Barcelona muss recht beschwerlich gewesen sein, denn es gab im Zug weder einen Schlaf- noch einen Speisewagen. Namentlich erwähnt der Schriftsteller Alberto Romero in seinem 1938 erschienen Buch *España está un poco mal* (»Spanien geht es nicht so gut«) den Peruaner César Vallejo, den Mexikaner Eugenio Imaz und den »*chinito*« (kleinen Chinesen) Seo, die allesamt blass und erschöpft in Barcelona dem Zug entstiegen. In der weiteren Folge jedoch, schrieb Seghers rückblickend, hätten sie sich auf der Kongressreise »sorglos und arglos wie Schulkinder auf einem Ausflug« gefühlt.

Seos Anwesenheit auf dem Schriftstellerkongress als »einziger chinesischer Teilnehmer« stellt den Autor Yu Shiyang vor ein Rätsel, das er auch in seinem im Mai 2010 in *Actas del Congreso Internacional* erschienenen Aufsatz »Exil ins Nirgendwo?« nicht lösen konnte. In verschiedenen Dokumentationen über den Kongress werde die Teilnahme eines chinesischen Delegierten namens Seu Ring-Hai erwähnt, schreibt er in der Einleitung. Nach dem, was dieser selbst der Presse und anderen Schriftstellerinnen und Schriftstellern gegenüber zu Protokoll gab, war er lange Zeit Anhänger des Kommunismus gewesen, sei aber dann aus China geflohen und würde in Paris für die Rote Armee arbeiten.

Die Rote Armee, die sich heute Volksbefreiungsarmee nennt, wurde 1927 gegründet und führte bis zum Beginn des Japanisch-

Chinesischen Krieges 1937 einen Guerillakrieg gegen die Einheitsfront Kuomintang, der wegen des Überfalls Japans auf China unterbrochen wurde. Im Oktober 1934 starteten Mitglieder der Kommunistischen Partei und Angehörige der Roten Armee den Langen Marsch, um sich dem Zugriff der Kuomintang-Streitkräfte zu entziehen, und Mao Tse-tung avancierte zum politischen Führer der KPCh.

Ebenso wenig wie Yu Shiyang können wir einschätzen, warum Seo Yeong-hae behauptete, für die Rote Armee zu arbeiten. Yu Shiyang wusste mittlerweile, dass der geheimnisvolle Chinese ein Koreaner war, der sich absichtlich hinter der chinesischen Nationalität und Identität verbarg. Seu habe, schreibt der Autor völlig richtig, trotz seines Lebens im Exil die Entwicklungen in seinem koreanischen Heimatland genau verfolgt, sei stets hinter dem Freiheitskampf gestanden und habe gegen alle totalitären Regime angeschrieben. Niemals sei er von seinem pazifistischen Weg abgewichen und der Philosophie des Konfuzianismus als letztem Trost bis zu seinem Verschwinden und seinem Tod treu geblieben. Wer war also dieser »Chinese« wirklich?

»Wir begegnen ihm in der Zeitschrift *La Voz* vom 8. Juli 1937«, berichtet Yu Shiyang weiter. Dort schreibt der Journalist Antonio Otero Seco über Seo Yeong-hae, einem »antifaschistischen chinesischen Schriftsteller«:

> Hier ist Seu, in einer Konferenzpause in ausgezeichnetem Französisch: »Ich bin vor längerer Zeit aus China ausgereist. Seither lebe ich in Paris. Doch ich halte Kontakt mit meinem Land. In der französischen Hauptstadt vertrete ich die Rote Armee und verschiedene andere politische Organisationen meines Landes. Die Rote Armee ist die authentische und lebendige Kraft des chinesischen Kommunismus. In Paris veröffentlichen wir Berichte in unserer Sprache, in denen wir unseren revolutionären Gedanken Ausdruck verleihen, da diese in China nicht frei geäußert werden können.«

In der Einleitung seines Artikels preist Otero Seco den Interviewten als »möglicherweise besten Schriftsteller der neuen chinesischen

Generation«, auch wenn dieser dem Autor bis dahin unbekannt war. Am Ende des Interviews zitiert er Seo, der von »der Aufgabe der revolutionären Intellektuellen in China« spricht. In deren Namen grüßt er die Leserinnen und Leser mit einer eigenhändigen Unterschrift in chinesischen Schriftzeichen. Hatte sich Seo einfach einen Scherz erlaubt? Irgendwie passt das nicht zu ihm.

Am 5. Juli 2007 wurde in Valencia eine Ausstellung mit Dokumenten des Schriftstellerkongresses eröffnet. Unter den Exponaten gebe es unter anderem Fotos des Chilenen Pablo Neruda, des Franzosen Julien Benda und des Koreaners Seu Ring-Hai, berichtet Yu Shiyang. Von da an recherchierte er in eine andere Richtung und stieß auf Seos reale Biografie. »Seu ist polyglott und beherrscht sieben Sprachen, darunter zweifelsohne Chinesisch«, schreibt Yu Shiyang.

> Es erscheint aber unmöglich, dass er sich als Chinese fühlte, insbesondere weil die Koreaner eine sehr kommunitaristische und nationalistische Ethnie sind. Und der »Vertreter der Roten Armee« ist umso verwirrender, denn aus zwei Gründen konnte er kein Freund der Kommunistischen Partei Chinas sein: Erstens waren die Kommunisten im Jahrzehnt zwischen 1927 und 1937 eine ländliche Guerilla, die gegen die Nationalistische Partei kämpfte; da die Provisorische Regierung von Korea überwiegend genau diese Richtung unterstützte, musste Seu sich mit den Nationalisten und gegen die Kommunisten identifizieren; zweitens wissen wir bereits, dass das Brautpaar [Seo heiratete nach Kriegsende die Koreanerin Hwang Sun-jo, eine Mittelschullehrerin aus Busan, Anm. d. A.] auf der Durchreise nach Paris in Shanghai auseinandergerissen wurde; Seu wäre anders behandelt worden, hätte er der Kommunistischen Partei Chinas nahegestanden. Wenn also der Übersetzer Seus Worte im Interview mit *La Voz* richtig wiedergegeben hat, erscheint alles, was Seu über China gesagt hat, verdächtig. Vorausgesetzt der Journalist und die anderen Kongressteilnehmer wie Alberto Romero haben seine Worte nicht falsch verstanden, dann beschrieb er sich selbst explizit als »chinesischer revolutionärer Kommunist«, um einige historische und politische Fakten zu verbergen, die wir hier nicht weiter vertiefen können.

Vielleicht erschien es Seo zu kompliziert, zu erklären, warum er als Koreaner chinesischer Staatsbürger war. Die meisten nach China emigrierten Koreanerinnen und Koreaner, insbesondere jene, die in Shanghai lebten, ließen sich chinesisch einbürgern, um der Überwachung durch die japanische Polizei zu entgehen. Und um, wie Seo, nach Frankreich reisen zu können, benötigten sie einen chinesischen oder einen anderen ausländischen Pass, denn einen koreanischen gab es nicht mehr.

Viele koreanische Exilierte, die in der Französischen Konzession lebten, galten als revolutionär und bolschewistisch, schreibt Li Jin-Mieung in einem Artikel über die Provisorische Regierung. Trotzdem waren die Beziehungen zwischen dem koreanischen Exil und Kuomintang-China gut, insbesondere seit Chiang Kai-shek sich zu einem Bündnis mit Mitgliedern der kommunistischen Partei im Kampf gegen die japanische Invasion bereit erklärt hatte. Sein Bürgerkrieg mit der Roten Armee wurde während des Zweiten Japanisch-Chinesischen Krieges unterbrochen. Ab 1940 war der Sitz der Provisorischen Regierung in Chongqing, wohin 1938 auch die Hauptstadt Chinas verlegt worden war. Seit 1939 wurde sie von Chiang Kai-shek anerkannt. Am 17. September 1940 wurde in Chongqing die Koreanische Befreiungsarmee gegründet, die mit nur 339 Mann praktisch Teil der chinesischen Armee war. Die chinesische Kuomintang-Partei diente der koreanischen Unabhängigkeitsbewegung als Vorbild, und ihre Regierung sollte später die koreanische »Armee der nationalen Wiedergeburt« unterstützen. All dies sind Bausteine, um zu verstehen, warum sich Seo als Chinese ausgab. Rätselhaft bleiben weiterhin seine – taktischen? – Äußerungen über die Rote Armee und den chinesischen Kommunismus. Zu bedenken ist aber auch, dass in den 1920ern und frühen 1930ern die Ideen des Kommunismus äußerst populär waren und aus einem Brief Seos an Jo So-ang aus dem Kriegsjahr 1940 seine Sympathie für die Sowjetunion zu entnehmen ist. Doch das Ziel aller – egal welcher politischen Richtung – war die Wiedererlangung der koreanischen Unabhängigkeit. 400.000 Menschen, betonte Seo in seinem Interview mit der Zeitschrift *Ce Soir* im August 1945, hätten Korea verlassen und ihren Kampf gegen die japanische Besatzung gemeinsam mit China fortgesetzt.

Yu Shiyang schließt seinen Aufsatz wie folgt:

> Seu beendete das Interview, indem er die Intellektuellen aufrief, den wissenschaftlichen Fortschritt mit der Moralphilosophie von Konfuzius zu verbinden. Offensichtlich war er nicht so leidenschaftlich wie die anderen Kongressteilnehmer und auch kein Anhänger von unüberlegter Gewalt. Trotzdem wurden seine Schriften wegen der Verbannung und der Sprachbarriere nicht in ihrer Gänze rezipiert. Seine Seele im permanenten Exil passte in kein Land dieser Welt. Wir können nur wünschen, dass er hinter seiner dicken Brille und in der Vergesslichkeit der Geschichte seinen Frieden findet.

Auch wenn es seinen Frieden stören mag, versuchen wir, Seo Yeong-hae der »Vergesslichkeit der Geschichte« zu entreißen.

Der bereits genannte chilenische Schriftsteller und stellvertretende Vorsitzende des chilenischen Schriftstellerverbands Alberto Romero erwähnt in seinem Buch *España está un poco mal* Seo Yeong-hae einige Male. Einmal habe Romero im Kulturhaus erzählt, wie ein junger Mann ihn auf sein Zimmer genommen habe, als er merkte, dass er keine Bleibe für die Nacht hatte. Er habe ihm sein Bett angeboten und selbst auf der Couch geschlafen. »Seu, der sanftmütige Seu Ring-Hai mit seinem milden Lächeln und der scharfsinnigen Beobachtungsgabe,« habe die Anekdote folgendermaßen kommentiert: »Es ist außergewöhnlich, wahrlich außergewöhnlich, dieses spanische Volk!« Ein andermal habe ein junger spanischer Soldat Seu gefragt, wie es denn in China sei, was man dort so denke.

> Seu Ring-Hai erklärte ihm über den Dolmetscher, was ein freier Chinese über sein von Japan erpresstes Land sagen konnte. Der junge Milizionär hörte zu, überlegte kurz und lachte. Als ob es die sechstausend Toten von Guadalajara nicht gegeben hätte, beruhigte er ihn: »Das ist nicht so schlimm. Wir werden mit den Faschisten dorthin kommen und den Japanern gründlich einheizen.«

Ulim, ein koreanisches Märchen, nacherzählt von Seo Yeong-hae

Ulim ist ein malerischer See am Fuße des legendären Berges Paektusan (Weißkopfberg). Dieser sagenumwobene Vulkan in Nordkorea liegt als höchste Erhebung im Herzen des Shangbai-Gebirges an der Grenze zu China. Vor einigen Tausend Jahren lebte an den Gestaden des Sees ein junger Einzelgänger, der den gleichen Namen trug wie der See, Ulim, und sein Leben damit zubrachte, voller Leidenschaft Flöte zu spielen. Er spielte so berückend, dass er als Künstler unsagbare Berühmtheit erlangte. Die Melodien, die aus seiner Flöte drangen, waren so verhexend, dass es ihnen ein Leichtes war, sogar die Wut von Ok-Wang-Sang-Jay, dem allmächtigen Geist des Paektusan, zu besänftigen.

Eines Nachts, am fünfzehnten Tag des achten Monats im orientalischen Kalender, tauchte der Vollmond das Universum in sein weißes Licht. Ein ausgelassener Zephir liebkoste die friedliche Seeoberfläche. Berauscht vom märchenhaften Naturschauspiel ging Ulim in jener Nacht ans Ufer. Auf einem Felsen hockend, gab er sich selbstvergessen seinem Flötenspiel hin. Die Klänge seines Instruments waren so lieblich, dass sich alle Fische des Sees in Ufernähe direkt zu Ulims Füßen versammelten.

Plötzlich ertönte aus der Mitte des Sees ein ungestümes Tosen, und ein helles Leuchten fegte wie ein Blitz über das Wasser. Zu seiner großen Überraschung sah Ulim ein schönes junges Mädchen vor sich knien.

»Ich bin ein Himmelsengel, der vom Allmächtigen wegen einer Sünde vertrieben wurde«, sagte sie. Durch Ihr Flötenspiel angelockt, bin ich zu Ihnen gekommen. »Haben Sie Mitleid und nehmen Sie mich zur Frau!«, flehte sie.

Ulim, der noch nie die Zuneigung einer Frau erfahren hatte, war von dem dramatischen Tonfall dieses schönen jungen Mädchens zutiefst berührt. Freudig nahm er ihre Bitte an. Und seit jenem Tag gab es im Leben dieses jungen Paars nichts als vollkommenes Glück.

Es war zu Beginn des Sommers. Überall klagte man über die anhaltende Dürre. Die Quellen führten kein Trinkwasser mehr, die Reisfelder waren vollkommen verdorrt, die Pflanzen starben sozusagen in verkohltem Zustand. Und sogar das Wasser des Sees wich so erkennbar zurück, dass man den Grund sehen konnte, wo sich die unglücklichen Fische unterhielten. Die Menschen beteten Tag und Nacht zu dem barmherzigen Gott Ok-Wang-Sang-Jay. Ulim, der die Natur mehr liebte als sich selbst, nahm sich dieses schlimme Unglück sehr zu Herzen. Was seine Frau betraf, so litt sie von Anfang an unter dieser Dürre und verlor jeglichen Appetit. Ihre Gesundheit verschlechterte sich so sehr, dass sie bald das Bett nicht mehr verlassen konnte. Eines Abends setzte sich Ulim an ihren Bettrand, um in der Nacht über sie zu wachen, wie er es seit Beginn ihrer Krankheit jeden Abend tat. Doch von Müdigkeit übermannt fiel er in einen tiefen Schlaf.

Am frühen Morgen des nächsten Tages sah Ulim, dass seine Frau verschwunden war. Überrascht wollte er sich aufmachen, um nach ihr zu suchen, als er auf dem Tisch einen an ihn gerichteten Brief fand, den seine geliebte Gefährtin hinterlassen hatte.

»Verzeiht, o verzeiht mir!«, las er. »Ich bin der Fisch, der über den See wacht. Durch Ihre fesselnden Klänge betört, hatte ich mir vor langer Zeit gelobt, Sie auf der Erde aufzusuchen. Der Allmächtige Herr geruhte mir die Erlaubnis nur für achtzehn Vollmonde zu gewähren. Dieser Aufschub ging vorüber, ohne dass ich in den See zurückkehrte. Um mich zu bestrafen, hat der Meister des Universums dieses schreckliche Unglück auf die Erde geschickt. Aus Liebe zur unschuldigen Bevölkerung und um Ihr und mein Leben zu retten, kehre ich heute Abend untröstlich in den See zurück. Wenn Vollmond ist und der Himmel tiefblau, und wenn der ausgelassene Zephir die schlafende Oberfläche des Sees liebkost, kommen Sie mit Ihrer Flöte ans Ufer des Wassers und lassen Sie mich Ihr erhabenes Spiel hören. Wenn am Morgen die Rosen schon beim ersten Sonnenstrahl aufleuchten, spiegeln Sie Ihr liebes Gesicht in den sanften Wellen des Sees. Das ist das Einzige, was ich mir aus ganzem Herzen wünsche.«

Kaum hatte er diese überraschende und unglaubliche Botschaft gelesen, schluchzte Ulim verzweifelt auf. Das Echo seiner Klage verbreitete sich im ganzen Land und brachte wohltuenden Regen.

Von nun an streifte Ulim untröstlich zu jeder Stunde um den See und hoffte, seine zärtliche Gefährtin zu erblicken.

An jenem Abend war wieder Vollmond. Die Luft war gesättigt von lieblichem Duft, und eine zärtliche Brise neckte das Schilfgras am Ufer. Ulim war besonders melancholisch zumute. Mit vor Trauer geschwollenem Herzen spazierte er am Wasser entlang. Er hatte Lust, die Flöte zu spielen, aber sie spielte nur sein Klagen. Die Klänge waren so himmlisch, dass Ulim selbst von ihnen berauscht war. Genau in diesem Augenblick hörte er aus der Mitte des Sees die Stimme seiner schönen Frau, die ihn rief.

In jener Nacht am Ufer des Sees spielte sich ein unendlich trauriges Liebesdrama ab...

Am nächsten Morgen fanden die früh erwachten Hirten am Ufer Ulims Flöte und seine Sandalen. Die Bewohner der umliegenden Dörfer strömten herbei, als sie die traurige Nachricht vernahmen, und suchten vergebens den See nach dem göttlichen Ulim ab.

Seit jenem Tag hört man bei Vollmond am See melodische Flötenklänge, und wenn die Dürre wütet, muss man nur am Seeufer den barmherzigen Gott um Regen anflehen. Und niemand fischt mehr im Wasser dieses Sees, ohne die Erinnerung an den Großen Ulim zu stören.

Trennung

In den seltenen Abendstunden, an denen ihr Mann nicht im politischen Auftrag unterwegs war, ließ sich Elisabeth von ihm die Märchen aus *Miroir, Cause de Malheur!* vorlesen. Sie liebte sein weiches Französisch mit dem Hauch eines fremdländischen Akzents. Anhand der Geschichten konnte er ihr den historischen und kulturellen Hintergrund seines Heimatlands erklären. Besonders liebte Elisabeth das wehmütige Märchen von Ulim und dem von wildem Vulkangebirge umgebenen gleichnamigen See, dem die geliebte Frau entsteigt und in den sie wieder zurückkehrt.

Manchmal schien es ihr, als habe die Geschichte etwas mit ihr und Yeong-hae zu tun. Gestrandete waren sie beide, Fremde in einer wunderschönen steinernen Stadt inmitten des tosenden Weltgeschehens. Sie konnte Yeong-haes Melancholie in seinen Augen gut nachempfinden, wenn er ihr Märchen aus seiner Heimat vorlas, denn manchmal hatte auch sie Sehnsucht nach der Geborgenheit des Vertrauten – der vertrauten Sprache und der vertrauten Kultur, wie immer diese im Augenblick auch beschmutzt sein mochte. Elisabeth spürte, dass auch sie bald in den See ihrer Heimat zurückkehren würde, ihren Geliebten würde sie jedoch nicht mit sich in den Nazistrudel hinunterziehen. Wie konnte sie? Ein Asiate passte nicht ins Rassenschema von Nazi-Österreich.

Dass sie beide in Paris mit Entsetzen auf ihre besetzten Länder schauten und mit angehaltenem Atem auf das stille Wasser des Sees blickten, in den jederzeit die Brocken des ausbrechenden Vulkans stürzen und eine Flutwelle auslösen konnten, schuf zwar ein Band zwischen ihnen, aber es reichte nicht. Sie blieben ungleich. Elisabeth stand es frei, jederzeit zurückzukehren, Yeong-hae jedoch saß fest und konnte nirgends hin. Obwohl sie eigentlich eher unpolitisch und hauptsächlich an Kunst interessiert war, hatte Elisabeth ein ambivalentes Verhältnis zu den Vorgängen in ihrer Heimat, man konnte ja nicht sagen, dass Österreich unschuldig überfallen worden war, zu viele Menschen hatten die einmarschierenden Wehrmachtstruppen freudig begrüßt. Seo hingegen glühte vor Patriotismus, anders als Österreich war sein Land tatsächlich ein unschuldiges Opfer, auch wenn sich dort einige arrangierten. Aber was konnte man derzeit in Korea anderes tun, als sich zu arrangieren oder ins Exil zu gehen?

Fest steht, dass sich Elisabeth und Yeong-hae trennten und Elisabeth sich vermutlich in Österreich einseitig scheiden ließ. Welche Gründe zu der Trennung führten, werden wir nie erfahren. Ging ihr seine monomanische Fixierung auf die Ereignisse in Korea auf die Nerven? Zeigte er zu wenig Interesse an ihrer Welt der Kunst? Erschien sie ihm zu unpolitisch und desinteressiert am Lauf der Welt? Wurde ihr bewusst, dass sie niemals Teil seiner Welt sein würde? Und umgekehrt? Anders als Franziska Donner, die ihrem Mann Syngman Rhee überallhin folgte, wohin die Zeitläufte ihn trieben, war Elisabeth aus anderem Holz geschnitzt. Ahnte sie das Nahen des Krieges und bekam es mit der Angst zu tun, da sie als Österreicherin im Feindesland gestrandet war? Oder hatten sich die Liebe und die anfängliche Faszination für das jeweils Fremde einfach verflüchtigt? Das wäre eine ganz banale und durchaus nicht unübliche Erklärung der Geschichte. Es fällt auf, dass sich auch in Seos Nachlass kein Hochzeitsbild mit Elisabeth Bräuer findet, ja überhaupt kein Foto von ihr. Und umgekehrt. Spurlos sind sie aus dem Leben des jeweils anderen verschwunden. Doch Elisabeth Bräuer nahm sehr wohl eine Spur mit sich nach Österreich: Stefan.

Unser Gespräch im Frühjahr 2019 mit einer von Elizzas slowenischen Freundinnen scheint zu bestätigen, dass sie Seos Leidenschaft für den koreanischen Befreiungskampf nicht teilen konnte und ihr mit ihm »langweilig« war. Wobei sie ihrer Freundin gegenüber den Koreaner selbst ebenso wenig wie die Existenz eines Sohnes erwähnte. Sie blieb vage. Manchmal sprach sie von einem Vietnamesen. Ihre Künstlerfreundinnen und -freunde aus Ljubljana, der Hauptstadt Sloweniens, beschreiben Elizza als charismatische und dramatische Erscheinung, die, ohne wirklich schön zu sein, stets alle Blicke auf sich zog. Vielleicht kam auch ihr sanfter, zurückhaltender Ehemann mit einer solchen Frau auf Dauer nicht zurecht.

Elizza Seo

Die Trennung musste spätestens im Frühjahr 1939 erfolgt sein, denn Yeong-hae konnte noch nicht erkennen, dass Elisabeth schwanger war. Zu ihren Eltern nach Wien zurückgekehrt, brachte sie im September einen Sohn zur Welt. Unmissverständlich war sie entschlossen, ihren weiteren Lebensweg nicht mit dem Vater ihres Kindes zu teilen.

Seo Yeong-hae sollte nie erfahren, dass er einen Sohn hatte.

Der koreanische Autor Sang Chun Jung, der 2019 ein Buch über Seo Yeong-hae veröffentlichte, richtet einen romantisierenden Scheinwerfer auf die Beziehung der beiden, der an eine südkoreanische Drama-Serie (mit meinem Lieblingsstar Hyun Bin in der Rolle des Seo Yeong-hae!) denken lässt:

> Elizza aus dem entfernten Österreich brachte dem Unabhängigkeitskämpfer Seo Yeong-hae, der in Paris ein hartes und einsames Leben führte, einen Augenblick des Glücks. [...] Die Ehe von Seo Yeong-hae und Elizza wurde weggespült vom Sturm der Weltgeschichte und endete wie der Traum einer Sommernacht.

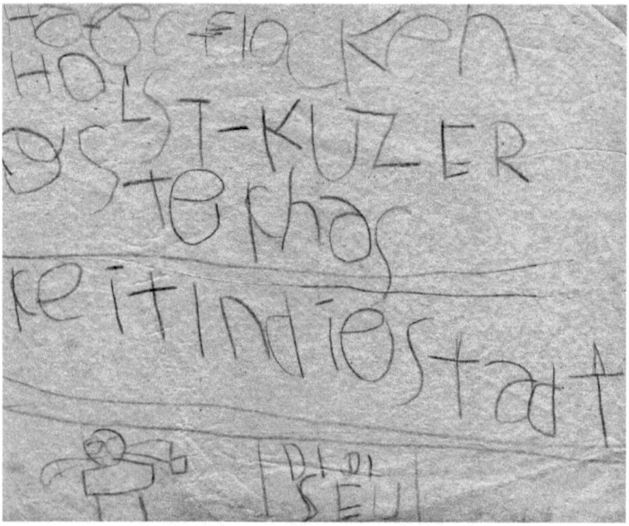

Stefan »Didi« Seo, Rückseite einer Kinderzeichnung, um 1944

Didi

Stefan Karl Alois Solgasi Seu wurde am 20. September 1939 in Wien geboren, als der Krieg gerade zwanzig Tage alt war. In der vom Standesamt ausgestellten Geburtsurkunde sind als Mutter Elisabeth Seu, geborene Bräuer, und als Vater Ring-Hai Seu eingetragen, samt ihrer Eheschließung in Wien am 11. Februar 1937. Seit dem 1. Januar 1939 waren die Wiener Standesämter nicht nur für Eheschließungen zuständig, sondern auch für die Geburts- und Sterbebücher, eine Aufgabe, die sie von den konfessionellen Behörden übernommen hatten. Die mit Stefans Geburt verbundenen Behördenwege erledigte Elisabeths Mutter. Wie die Eltern auf die Trennung der Tochter vom Vater ihres Kindes reagierten, wissen wir nicht, doch bestimmt waren sie froh, sie wieder bei sich zu haben, zumal absehbar war, dass sich die »Ostmark« bald mit Frankreich im Krieg befinden würde.

Am 1. Mai 1939 war das sogenannte Ostmarkgesetz verabschiedet worden, mit dem die Befugnisse vom Reichsstatthalter an den Reichskommissar übergeben werden sollten. Mit der Machtübernahme wurde Wien als Hauptstadt entmachtet, und die Beziehungen der Länder, die nun Gaue hießen, zu Wien wurden abgeschnitten. Hauptstadt war ausschließlich Berlin. Erster Gauleiter und Reichsstatthalter Wiens wurde der Kärntner Odilo Globocnik, der noch im selben Jahr als SS- und Polizeiführer nach Polen versetzt wurde. Ihm folgte Josef Bürckel, den wiederum 1940 Baldur von Schirach ablöste, der diese Position bis Kriegsende innehatte. Reinhard Heydrich, der Chef des Sicherheitsdienstes, hatte schon kurz nach dem »Anschluss« das Hotel Metropol am Franz-Josefs-Kai beschlagnahmt und als Hauptquartier der Gestapo eingerichtet. Mit etwa neunhundert von Offizieren aus dem »Altreich« geführten Mitarbeiterinnen und Mitarbeitern hatte die Gestapo-Dienststelle Wien etwa ebenso viel Personal wie das Gestapo-Hauptquartier in

Prag; offenbar traute die deutsche Führung der Bevölkerung der »Donaugaue« nicht so recht über den Weg.

In ganz Österreich setzte nach dem sogenannten »Anschluss« am 11. März 1938 eine Welle »wilder Arisierungen« ein. Geschäfte jüdischer Menschen wurden von spontan gebildeten »Requirierungskommandos« geplündert, Unternehmen und Wohnungen ihren Besitzerinnen und Besitzern unter fadenscheinigen Begründungen entzogen oder, nachdem die jüdischen Eigentümerinnen und Eigentümer vertrieben worden waren, einfach übernommen. Die Übergriffe nahmen solche Ausmaße an, dass die Reichsregierung sie schließlich explizit verurteilte und Enteignungen nur im Einklang mit den Gesetzen erlaubte. Für die Opfer machte das keinen Unterschied. Die folgenden, staatlich organisierten Konfiszierungen und Zwangsverkäufe zu minimalen Preisen, die auf für die Eigentümerinnen und Eigentümer unzugänglichen Sperrkonten deponiert wurden, stellten sicher, dass der Raub an jüdischen Menschen und Regimegegnerinnen und -gegnern in Österreich lückenlos erfolgte, das Regime davon profitierte und der Staat insbesondere dort steuernd eingreifen konnte, wo es um Einfluss auf überregional wirtschaftlich bedeutende Unternehmen ging.

Im Zuge von sogenannten »Arisierungen« wurde mobiles Eigentum, vom Hausrat bis zu Kunstgegenständen, frei verkauft oder über Auktionshäuser versteigert, wobei das Wiener Dorotheum eine führende Rolle spielte. Besonders wertvolle Gegenstände wurden überwiegend Museen oder Universitäten übereignet, aber nicht selten auch günstig von Privatpersonen, die dem NS-Regime nahestanden, oder von Funktionären des Regimes erworben. Die Wiener Jüdische Gemeinde wurde gezwungen, als »Sühne« für die Unterstützung der von Bundeskanzler Schuschnigg geplanten Volksabstimmung eine halbe Million Reichsmark zu entrichten. Diese Summe wurde wie alle Arisierungserlöse sofort nach Berlin weitergeleitet.

Im Winter 1939/1940 machte sich wegen der Einberufungen zur Wehrmacht und der intensiven Rüstungsproduktion ein Mangel an Arbeitskräften bemerkbar. Personen aus dem besetzten Polen und der Tschechoslowakei und über zwischenstaatliche Verträge auch aus der Slowakei, Italien und Jugoslawien wurden zwangsweise als »Fremdarbeiterinnen« und »Fremdarbeiter« in der Landwirtschaft eingesetzt.

Als Stefan etwas über drei Monate alt war, fand im goldglänzenden Wiener Musikvereinssaal das erste Neujahrkonzert statt, das heute weltweit von einem Publikum von 40 Millionen Menschen im Fernsehen verfolgt wird. Damals hieß es noch Silvesterkonzert. Der Reinertrag des Konzerts unter der Leitung von Clemens Krauss wurde zur Gänze der nationalsozialistischen Spendenaktion Kriegswinterhilfswerk gewidmet. Johann Strauß wurde von den neuen Machthabern als großer deutscher Komponist gefeiert. Seine jüdische Herkunft wurde geflissentlich »übersehen«, zu beliebt war der »Walzerkönig« bei der Wiener Bevölkerung. Für die jüdischen Musiker bei den Wiener Philharmonikern war kein Platz mehr, schon vor 1938 waren zwanzig Prozent der Philharmoniker NSDAP-Mitglieder, 1942 nahezu die Hälfte. Das Silvesterkonzert bildete Bestandteil einer Reihe kulturpolitischer Maßnahmen, die auf die Herausbildung einer spezifisch wienerischen Note in der Musik abzielten, keineswegs zur vollen Zufriedenheit der Wiener Philharmoniker, bei denen das vermehrte Eindringen »leichter Musik« ins traditionell hochkulturell geprägte Repertoire umstritten war.

Seine frühe Kindheit verbrachte Stefan, dessen Spitzname Didi war, mit seiner Mutter in der Wohnung der Großeltern in der Sechshauserstraße 19. Während die Bräuers sich liebevoll um das Kind kümmerten, setzte Elisabeth ihr Bühnenbildstudium an der Akademie der bildenden Künste am Schillerplatz und nach dem Krieg in Rom fort. Eine wichtige Bezugsperson für Stefan war, neben dem Großvater, die Köchin Anna, die auch später in seinen Erzählungen immer wieder vorkam und an deren Kochkünste keine andere Frau heranreichte. Für Stefan war sie wie eine Großmutter. Bis zu Karl Bräuers Tod 1972 blieb Anna an der Seite des früh Verwitweten – Luise Bräuer verstarb schon 1949 – und versorgte den »Herrn Architekt«, wie sie ihn nannte. Als er immer schlechter sah und schließlich in ein Heim für Späterblindete nach Grimmenstein kam, begleitete sie ihn. Sie selbst starb ein Jahr nach Karl Bräuer.

Während des Krieges schlug sich Karl Bräuer so recht und schlecht durch. Größere Architekturaufträge sind nicht bekannt. 1940 wurde er nicht zeichnungsberechtigter vierter Gesellschafter

Flakturm im Wiener Augarten, 2013

von Carl Geyling's Erben und mit einem Achtel an der Firma beteiligt. Nach Kriegsende war er Baupolizist in Waidhofen an der Thaya und trat somit in den Baudienst der niederösterreichischen Landesregierung ein.

Da das Gebiet des »Reichsgaus Groß-Wien« bis 1943 nicht bombardiert wurde, beziehungsweise an der Grenze der Reichweite britischer und US-amerikanischer Langstreckenbomber lag, galt die Stadt zusammen mit dem restlichen Österreich lange Zeit als »Luftschutzkeller des Deutschen Reichs«. Das änderte sich, als zur völligen Überraschung der Verteidigung die Wiener Neustädter Flugzeugwerke am 13. August 1943 angegriffen wurden. Wien selbst wurde erstmals am 17. März 1944 getroffen, wobei der Angriff eigentlich der Ölraffinerie Floridsdorf galt. 1944 wurden im Stadtgebiet drei Flakturm-Paare errichtet, deren militärische Wirksamkeit fraglich war und die noch heute als hässliche Ungetüme die Stadt verschandeln und als Mahnmale den Krieg nicht vergessen lassen. Zum ersten Großangriff auf Wien kam es am 10. September 1944. Rund 350 US-Flieger warfen ihre Bomben ab, neun Bezirke wurden getroffen, 791 Menschen getötet. Am 17. Oktober wurde auch der Bezirk bombardiert, in dem die Bräuers wohnten. Bekannt ist der Luftangriff vom 19. Februar 1945, weil auch das Schloss Schönbrunn mit dem angrenzenden Tiergarten getroffen wurde. Von den 3.500 Tieren im Tiergarten Schönbrunn überlebten nur 1.500.

Doch anders als deutsche Städte blieben die österreichischen von Flächenbombardements mit konventionellen Bomben und Brandbomben weitgehend verschont. Auch wurden über österreichischem Gebiet viel öfter Flugzettel mit Aufrufen zur Kapitulation abgeworfen als über deutschem. Die Alliierten stuften Österreich als Opfer Hitlerdeutschlands ein, das es vom Nationalsozialismus zu befreien galt. Dennoch wurde am siebten Jahrestag des »Anschlusses« Österreichs an Hitlerdeutschland, dem 12. März 1945, das Stadtzentrum getroffen. Die Oper brannte aus, das Burgtheater, die Albertina und der Messepalast trugen schwere Schäden davon. Erheblich beschädigt wurden auch das Kunsthistorische Museum, die Hofburg, der Stephansdom, das Volkstheater und die Stadtbahn. Das Hauptquartier der Gestapo, das Hotel Metropol am Morzinplatz, und andere Gebäude am Donaukanal wurden zerstört. Geplantes Ziel war eigentlich wieder die Ölraffinerie Floridsdorf, die vom Norden her angeflogen werden sollte. Militärfachleute glauben heute, dass die Bomben einfach falsch oder zu einem Zeitpunkt abgeworfen wurden, als die Flieger bereits nach Süden abdrehten. 8.769 Menschen verloren in Wien während des Krieges ihr Leben.

Vermutlich im letzten Kriegsjahr zog Elisabeth mit Didi nach Mondsee im oberösterreichischen Salzkammergut, um der Versorgungsknappheit in Wien zu entkommen. Neben alltäglichen Dingen wie Kleidung, Schuhen und Seife fehlte es im harten Winter 1945 an Heizmaterial. Eines der Hauptprobleme war jedoch die Beschaffung von Lebensmitteln. Nachdem sowjetische Truppen Wien im März/April 1945 eingenommen hatten, gab es keine geregelte Lebensmittelversorgung mehr, da einer der ersten Befehle der sowjetischen Besatzungsmacht die Rationierung beendete, um wieder freien Handel mit Lebensmitteln zu ermöglichen. Da dies dazu führte, dass die Leute Nahrung horteten, gab es bald nichts mehr zu kaufen. Zudem waren große Teile der Vorräte beim Abzug der Wehrmacht vernichtet oder geplündert worden. Die Wiener Bevölkerung war also auf die Unterstützung durch die Alliierten, durch internationale öffentliche und private Organisationen sowie durch andere Staaten angewiesen.

Bis zur Aufteilung Wiens in Sektoren durch das Zonenabkommen war die Lebensmittelversorgung Aufgabe der Sowjetunion. Am 1. Mai 1945 gab die Rote Armee die von ihr beschlagnahmten Lebensmittel an die Bevölkerung weiter. Dieser Beitrag, der »Maispende«, »Stalin-Spende« oder »Erbsenspende« genannt wurde, konnte den Lebensmittelmangel allerdings nicht beheben. Am 6. Mai 1945 führte die sowjetische Besatzung wieder die Rationierung ein. Ab 1. Juni stellte die Rote Armee zudem kleine Rationen zur Verfügung, die die Versorgung Wiens für drei weitere Monate sichern sollten. Dabei handelte es sich jedoch um keine Spende mehr, sondern um Lebensmittel, die später von Österreich bezahlt werden mussten, die sogenannten »Erbsenschulden«. Die Zuteilung von festgelegten Mengen an Lebensmitteln erfolgte nach den Kategorien »Schwerstarbeiter«, »Arbeiter«, »Angestellter« und »übrige Bevölkerung«. Leute wie Elisabeth und ihre Eltern erhielten vermutlich nur einen kargen Anteil.

Nach der Aufteilung in vier Besatzungszonen befand sich Fünfhaus, der 15. Bezirk, in dem die Bräuers wohnten, im französischen Sektor. Nachdem die Sowjetunion die Stadt bereits im April 1945 besetzt hatte, marschierten die westlichen Alliierten am 1. September 1945 in Wien ein und verlegten ihre Hauptquartiere in die Hauptstadt. Die Besatzungszonen waren vor allem in der ersten Zeit streng voneinander getrennt, was sowohl die Bewegungsfreiheit der österreichischen Bevölkerung als auch den Waren- und Güterverkehr zwischen den Zonen stark einschränkte. So war beispielsweise bis zum 16. August 1946 für den Zonenübertritt in Österreich eine »Alliierte Reiseerlaubnis« nötig. Auch die einzelnen Sektoren in Wien waren bis Herbst 1946 getrennt – bei der sowjetischen Zone bestand diese Abtrennung teilweise bis 1953.

Die französische Besatzung hinterließ in Wien nachhaltige Spuren, obwohl die Truppenstärke Frankreichs in Österreich bereits 1946 auf etwa 7.000 Soldaten reduziert wurde, rund ein Siebtel der

US-amerikanischen und britischen und ein Fünfunddreißigstel der sowjetischen Truppen. Da Kulturpolitik für Frankreich besonders wichtig war, wurden in Wien verschiedene Institutionen geschaffen, die zur Verbreitung der französischen Kultur in Österreich beitragen sollten: Im französisch-österreichischen Kulturabkommen vom März 1947 wurde die Einrichtung von französischen Kulturinstituten in Wien und Innsbruck festgehalten, die von der Pariser Universität geleitet wurden und von Österreich unabhängig waren. Somit wurde das Institut Français de Vienne am 10. November 1947 eröffnet und stellt auch heute noch eine der wichtigsten Einrichtungen der französischen Kulturarbeit in Österreich dar. Als weitere Institution der französischen Infrastruktur in Wien wurde das französische Gymnasium, das Lycée Français de Vienne, geschaffen, welches ebenfalls auch heute noch besteht und eine beliebte Privatschule ist (die sich meine aus der englischen Emigration nach Wien zurückgekehrten Eltern leider nicht leisten konnten). Zudem wurden im französischen Sektor während der Besatzungszeit schon ab Mitte September 1945 Konzerte abgehalten, die die Militärverwaltung organisierte und für die französische Künstlerinnen und Künstler nach Österreich geholt wurden.

In Mondsee, einem wunderschönen Ort in der amerikanischen Besatzungszone, hatte Elisabeth eine Bekannte, die ihr eine Wohnmöglichkeit verschaffte. Elizza erzählte, dass sie in einem Schloss gewohnt hätten, und in der Tat gibt es in Mondsee ein prächtiges Schloss, das der Familie Almeida gehörte. Aber da Elizza zu erfundenen Geschichten neigte, bleibt der Wohnort der beiden in Mondsee ein Geheimnis wie so vieles in Elizzas Leben. Wir jedenfalls konnten keine Person finden, die uns dazu Genaueres hätte sagen können.

In Mondsee besuchte Stefan die Volksschule. Von seiner Mutter weitgehend sich selbst überlassen, entwickelte er sich zu einem formidablen Gassenjungen. Auf seinen Streifzügen durch die ländliche Umgebung freundete er sich mit amerikanischen Soldaten an, die von vielen Kindern als Befreier begrüßt wurden. Stefan half ihnen, sich in Mondsee unter der überwiegend feindselig eingestellten Bevölkerung zurechtzufinden, und zur Belohnung schenkten sie ihm Cadbury-Schokolade und Micky-Mouse-Hefte. Mit ihnen lernte

Elisabeth und Didi, Mondsee, um 1945

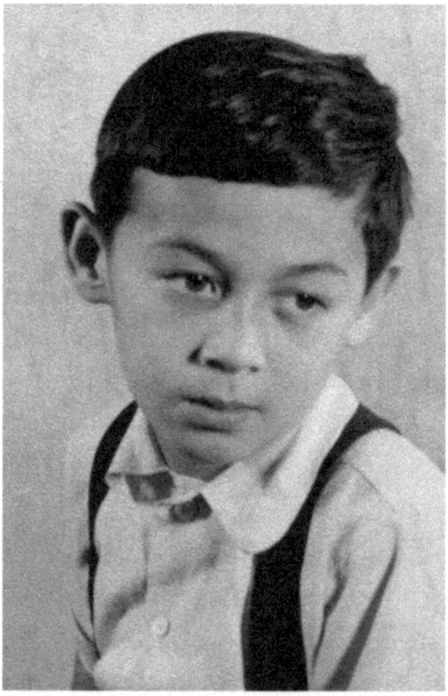

Didi, Mondsee, um 1945

er seine ersten englischen Worte. Nicht nur Didi, sondern auch Elisabeth freundete sich mit amerikanischen Soldaten an, wusste Stefan zu berichten. Es kann sein, dass sie mit Hilfe dieser Bekanntschaften ihre Lebensmittelversorgung aufbesserte.

Stefans Kindheitsfreund Roland Sponer erinnert sich, dass Stefan in Mondsee immer nur Didi genannt wurde. Er erinnert sich auch an seine Mutter, die »Tante Liesl«:

> Sie war unterhaltsam, konnte gut erzählen und schön malen. Am liebsten hat sie chinesische Drachen gemalt. Ich habe meiner Mutter Vorwürfe gemacht, dass es bei uns nicht so lustig war wie bei der Tante Liesl. Da wurde meine Mutter sauer und hat gesagt: »Die hat auch ihr ganzes Leben nicht gearbeitet.«

Einer der wenigen Einheimischen, die Didi mochte, war der Alteisenhändler, während er den präpotenten Arzt verabscheute, der als Einziger in Mondsee ein Auto hatte. Mehr als einmal zerschoss er ihm mit der Steinschleuder die Windschutzscheibe. Der Besitzer wusste zwar genau, wer der Täter war, konnte es ihm aber nicht nachweisen. Didi war jedoch nicht nur ein Lausbub, sondern auch Opfer rassistischer Verfolgung. Seiner Mutter gefiel es, das dunkelhaarige, dunkeläugige Kind wie ein Ausstellungsstück als kleinen Chinesen auszustaffieren. Sie schnitt Stefan eine mädchenhafte, eckige Ponyfrisur und steckte ihn in chinesisch anmutende Jäckchen. Das führte dazu, dass Stefan von den zu Nazis erzogenen Landbuben verspottet und gejagt wurde. Fast jeden Tag musste er durchs Dorf um sein Leben laufen. Weil er anders war.

Am 14. März 1946 wurde »Frau Dipl. Architekt Elisabeth Wong« in Mondsee zur »Vormünderin« ihres minderjährigen Kindes Stefan bestellt. Als »Mitvormund« beigegeben wurde ihr ihre Mutter Luise Bräuer.

Das war auch nötig, denn Elisabeth kümmerte sich reichlich wenig um ihr Kind. Eine der Geschichten, an die sich Stefan schmerzlich erinnerte, veranschaulicht seine Vernachlässigung. Er mochte acht oder neun Jahre alt gewesen sein, vielleicht aber auch schon älter, und ging in Wien zur Schule. Zu Weihnachten lag unter dem Christbaum ein Päckchen für ihn mit einem Brief: »Lieber

Stefan, bin in Rom, komme bald wieder. Bussi, Mama.« Doch aus dem »bald« wurden zwei Jahre. Irgendwann tat der mutterlose Junge dem Großvater so leid, dass er ihm Geld zusteckte und ihn in den Zug nach Rom setzte. Doch in der Stazione Termini suchte Stefan vergeblich nach seiner Mutter. Seit seinem Kleinkindalter an schwierige Situationen gewöhnt, verbrachte er die Nacht auf dem Bahnhof, und am nächsten Tag tauchte Elisabeth tatsächlich auf. Doch rasch verfrachtete sie ihn zu Freunden, holte ihn eine Woche später wieder ab und setzte ihn in den Zug zurück nach Wien, nicht ohne ihm zuvor noch Bräuers Geld abgenommen zu haben. So erzählte es Stefan.

Im Haus der Großeltern entwickelte sich Stefans Liebe zur Kunst. Abgesehen von den erlesenen Möbeln und Kunstgegenständen im Stil der Wiener Werkstätte, die zu seinem Alltag gehörten, gingen in den frühen 1950er-Jahren namhafte Künstlerinnen und Künstler im Haus ein und aus, darunter der Maler, Bildhauer und Bühnenbildner Hubert Aratym, ein Freund Elisabeths, H.C. Artmann und Friedensreich Hundertwasser, der in der hungrigen Nachkriegszeit schon mal ein Bild gegen eine nahrhafte Suppe tauschte.

Es versteht sich von selbst, dass Stefan angesichts seiner schwierigen Kindheit ein rebellischer Jugendlicher wurde, der sich in der Pubertät weigerte, mit der Familie gemeinsam das Essen einzunehmen und seinen Teller mit aufs Zimmer nahm. In dieser Zeit schloss er sich Gangs von Jugendlichen an, die die proletarischen Bezirke Ottakring und Hernals unsicher machten. Wenn sie mit der jeweils anderen feindlichen Gang in einem Wirtshaus zusammenstießen, und einer sagte »Was schaust denn so bled?«, dann zerlegten sie gemeinsam das Wirtshaus und einander gegenseitig.

Nach der Volksschule in Mondsee besuchte Stefan verschiedene Schulen in Wien, darunter auch einige Zeit das Lycée Français, vielleicht weil sich die Sechshauserstraße in der französischen Zone befand. In diese Privatschule für die Elite wurde er jedoch geschickt, ohne ein Wort Französisch zu beherrschen. Mit einem Mitschüler in ähnlicher Lage saß er dann in der letzten Reihe und verstand nur Bahnhof. Seine Zeugnisse, die nach französischer Art keine Noten, sondern Bewertungen enthielten, zeigen, dass er ein schlechter und beim Lehrpersonal nicht besonders beliebter Schüler war. Nur die Geschichtslehrerin mochte ihn und schrieb nette Sachen über ihn ins Zeugnis.

Bis 1955 erhielt die österreichische Bevölkerung amerikanische Carepakete. Insgesamt eine Million davon im Wert von 9,9 Millionen US-Dollar wurden nach Österreich geschickt, denn in der unmittelbaren Nachkriegszeit galt Wien als die »hungrigste Großstadt Europas«. Die durchschnittliche Nahrungsversorgung betrug 980 Kalorien pro Person, und die Sterberate war dreimal höher als 1930. Eier gab es nur in Form von Eipulver aus Carepaketen. Mühsam organisierte Köchin Anna bei Bäuerinnen und Bauern Eier, um der Familie endlich einmal das richtige Produkt vorsetzen zu können. Elisabeth jedoch hatte andere Pläne. Sie stibitzte die Eier und schmierte sie sich in die Haare, um ihnen Glanz zu verleihen. Die Familie musste weiterhin mit dem Eipulver Vorlieb nehmen.

Als Stefan sechzehn war, stellte seine Mutter ihn anderen Leuten als ihren Verlobten vor. Dass das Stefan peinlich war, kann man sich vorstellen. Später lebte sie mit einem Maler, der im selben Jahr geboren wurde wie ihr Sohn.

Stefans Streich rund um seine Matura erzürnte Elisabeth derart, dass sie den Vorfall in ihrem Testament als einen der Gründe anführte, weshalb sie ihn enterbte. Stefan hatte seiner Mutter gegenüber vorgegeben, die Matura an der Maturaschule Roland bestanden zu haben. Hocherfreut veranstaltete die Mutter ihm zu Ehren ein Fest, bei dem ihr Sohn kein Sterbenswörtchen darüber vernehmen ließ, dass er zur Matura gar nicht angetreten war, geschweige denn diese bestanden hatte. Elisabeth schenkte ihrem Sohn zur bestandenen Führerscheinprüfung einen Buick. Auf die Mädchen muss er ziemlich cool gewirkt haben: enge Hose, spitze Schuhe, Brillantine im Haar und dazu dieser Schlitten... An der Hochschule für angewandte Kunst, an der er Innenarchitektur studierte, kleidete er sich vermutlich schon anders. Es war ein Studium, für das man damals kein Abitur benötigte. Bis zum Abschlussdiplom brachte er es allerdings nicht.

Der zweite Grund für Elisabeths nachhaltigen Ärger über ihren Sohn war Stefans Scheidung, obwohl sie ursprünglich alles darangesetzt hatte, die Ehe zu unterbinden. Im Alter von 22 Jahren heiratete Stefan eine Kontoristin bei einem Herrenausstatter namens Etha König – vermutlich aus Protest gegen seine Mutter und um endlich aus der Sechshauserstraße ausbrechen zu können.

Auf ihrem Dachboden fand Suzies Schwester Stefanie viele Briefe von Etha an ihren geliebten Didi und »unausstehlichen Stefan«, die sie mit »Weibi«, »Meerweibchen«, »Kleinchen«, »Wecky« und »Medi« signiert. Sie wurden überwiegend aus Ethas Urlauben mit der Familie in Österreich, Italien und Jugoslawien geschrieben. Es sind Briefe voller Liebesglück und Liebesleid zwischen zwei anfangs noch sehr jungen Menschen, die wohl nicht besonders gut zueinander passten – »Es war zwischen uns von Anfang an Kampf«. Einer der Briefe zeigt den zerstörerischen Einfluss von Elisabeth auf Etha. Die Mädchen würden Stefan nur so hinterherlaufen, verriet sie ihr, er habe sechzig Adressen von Mädchen in seinem Notizbuch. Von Eifersucht gequält, schließt Etha in einem gekränkten Brief an Stefan, dass sie dann wohl die Einundsechzigste sein müsse.

Nach etwa sieben Jahren hatte Stefan genug von der fürsorglichen Etha, auch wenn ihre Kochkünste fast an jene Annas heranreichten. Am 7. Juni 1967 packte er seine Sachen und zog aus. In der Vergleichsausfertigung steht, dass Stefan »ihre wiederholte Aufforderung, in die eheliche Gemeinschaft zurückzukehren, kategorisch abgelehnt« habe. Er sei nunmehr »nach fremder Richtung orientiert«. Er wurde schuldig geschieden und musste Etha 12.000 Schilling zahlen. Die arme Etha unternahm einen Selbstmordversuch.

Doch in Stefans Leben war inzwischen Dagmar getreten.

China Connection

Sik Ning Wong

Der Hintergrund von Elizzas Begeisterung für alles Chinesische war wohl ihre Beziehung zu einem Chinesen, einem Assistenzarzt im Rehabilitationszentrum Hochegg in der niederösterreichischen Ortsgemeinde Grimmenstein, wo er als Lungenfacharzt tätig war. Am 10. Oktober 1945 heiratete Elizza Sik Ning Wong im Standesamt Wels, allerdings zu einem Zeitpunkt, als der einst gutaussehende 31-Jährige an Tuberkulose im letzten Stadium litt, die er sich in der Klinik zugezogen und die vermutlich von den Nazi-Ärzten nicht angemessen behandelt wurde. So durfte er etwa als Ausländer kein Penicillin erhalten. Stefan konnte sich als Erwachsener noch gut an den Mann aus Kanton erinnern, der sich in seiner Kindheit bemühte, die Rolle eines Vaters zu übernehmen. Das Foto des schlanken Mannes im weißen Arztkittel hielt er sein Leben lang in Ehren.

Am 23. Oktober 1945 suchten Sik Ning und Elisabeth Wong um Stefans Namensänderung an:

> Ich, Elisabeth Wong, habe am 10. Oktober 1945 Herrn Dr. Sik Ning geheiratet. Aus meiner ersten Ehe mit Herrn Ring Hai Seu habe ich einen Sohn namens Stefan Karl Alois Seu am 20. September 1939 geboren, der zurzeit sechs Jahre alt ist. Sein Vater kümmert sich nicht um ihn, und ich, Dr. Sik Ning Wong, möchte demnach dem Sohn meiner Frau meinen Namen geben und ihn so halten wie ein eheliches Kind. Eine Adoption ist nach dem österreichischen Gesetz nicht möglich, weil ich noch nicht das 40. Lebensjahr vollendet habe. Ich bin chinesischer Staatsbürger und nach den Begriffen unseres Landes muss ein Kind, welches als Erbe eingesetzt wird, auch den Namen des Erblassers haben. Ich selbst bin nun schwer lungenkrank und es ist zu befürchten, dass ich das 40. Lebensjahr nicht mehr erreiche. Wir, Dr. Sik Ning Wong und Frau Elisabeth Wong, sind daher übereingekommen, den Namen des minderjährigen Stefan Seu in den Namen Stefan Han Ning Wong ändern zu lassen. Der Vorname soll deshalb auch geändert werden, weil die Änderung des Vornamens auch einem chinesischen Brauche entspricht. […] Mit Rücksicht darauf, dass für mich, Dr. Sik Ning Wong, infolge meiner schweren Erkrankung eine nahe Todesgefahr besteht, bitte ich um eine ehemöglichste Erledigung dieses Ansuchens.

Dr. Sik Ning Wong starb am 14. November 1945. Ein am 12. April 1946 datiertes Schreiben der oberösterreichischen Landeshauptmannschaft teilte Elisabeth Wong mit, dass ihrem Sohn die Genehmigung zur Führung des Familiennamens Han Ning Wong erteilt wurde. »Wegen der Mittellosigkeit des Kindes wird von der Einhebung einer Gebühr Abstand genommen.« Ab nun hieß Elisabeths Sohn Stefan Karl Alois Han Ning Wong und war bis zu seinem fünfzehnten Lebensjahr chinesischer Staatsbürger. Am 3. Mai 1954 wurde die »erbliche Witwe« Elisabeth Wong »als Vormund des Minderjährigen ermächtigt, für diesen um die Verleihung der

Elisabeth und Sik Ning Wong, 1940

Didi, Mondsee, um 1943

Stefans chinesischer Pass, ausgestellt in Paris, 1956

österreichischen Staatsbürgerschaft anzusuchen«. Stefan wurde endlich Österreicher. Erst 1975 vereinfachte er seinen Namen auf Stefan Wong.

Es entbehrt nicht einer gewissen Ironie, dass sowohl der Vater Seo Yeong-hae als auch sein Sohn »Passchinesen« waren. Stefans grüner chinesischer Pass wurde in Paris ausgestellt, weil es 1945 in Österreich kein chinesisches Konsulat gab. Der Pass hätte also durchaus Stefans Erzeuger begegnen können. Stefan verwendete ihn, um sich Zutritt zu nicht jugendfreien Filmen zu verschaffen. Musste er sich ausweisen, legte er genussvoll seinen chinesischen Pass vor – und wurde durchgewinkt.

Sik Ning Wongs Leiche wurde kremiert. Freunde berichten, dass die Urne mit seiner Asche nach Elisabeths Rückkehr nach Wien in der Sechshauserstraße im Regal stand. Ob sie jemals den Weg zu seinen Eltern nach China fand, wie es Elisabeths Plan gewesen war, wissen wir nicht. Han Ning Wongs Eltern waren wohlhabend, vielleicht sogar Banker, was Elisabeths übereilte Heirat mit dem Todkranken erklären könnte. Schließlich sollte Stefan als dessen Erbe eingesetzt werden.

Die chinesische Familie Wong nahm Elisabeths Heirat mit Dr. Sik Ning Wong sehr ernst und nahm ihren Sohn Stefan (Han Ning Wong) in ihre große Familie auf. Im Oktober 1946 gibt es das erste schriftliche Lebenszeichen der Familie Wong aus Hongkong. Sik Ning Wongs Brüder, die sich Stefan gegenüber als »Onkel« bezeichnen, erhielten knapp vor dessen Tod ein Telegramm, in dem der schwerkranke Bruder sie von seinem baldigen Ableben in Kenntnis setzt. Sik Ning bat seine Brüder, seine Frau und seinen Sohn, falls erforderlich, finanziell zu unterstützen.

Die »Onkel« schreiben, dass sie Stefans Mutter im Januar über das Internationale Rote Kreuz 1.600 Dollar überwiesen hätten und »enttäuscht« seien, dass sie den Erhalt nicht bestätigt hat. Sie bitten darum, künftig den Erhalt von Überweisungen umgehend per Luftpost zu bestätigen. Sie schreiben, sie hätten auch vor einigen Monaten ein Porträt von Stefan erhalten und wären »überrascht« gewesen, keinen Begleitbrief vorzufinden.

Im September 1949 schreiben die Onkel an Stefan, dass ihr Geschäft in Hongkong nicht gut laufe und sie ihn und seine Mutter deshalb nicht unterstützen könnten.

> Wir versichern dir, dass wir immer an dich und deine Mutter denken, obwohl ihr so weit weg seid. Wir werden unsere Unterstützung wieder aufnehmen, sobald sich unsere Geschäftslage verbessert hat.

Das bald nach der Übernahme Chinas durch die Kommunisten von den USA und seinen Verbündeten gegen die Volksrepublik China verhängte Wirtschaftsembargo hatte auch negative Auswirkungen auf den Handel und Wiederaufbau in Hongkong.

Bald beginnt auch Stefan, seiner chinesischen Familie Briefe zu schreiben. Er bittet seinen Onkel um chinesische Kinderbücher, und 1950 empfiehlt ihm der Onkel, sich wegen einer finanziellen Unterstützung für seine Ausbildung an seinen Großonkel und seine Großtante zu wenden, deren Adresse er bei der Wing Cheung Bank in Hongkong angibt. Das klingt nach einem wohlhabenden Hintergrund, doch scheint es auch bei ihnen finanziell nicht zum Besten zu stehen. Wiederholt entschuldigen sich die Onkel, nicht helfen zu können, weil es auch ihnen schlecht gehe.

Stefan korrespondiert mit seinem »Bruder« So-Sen Wong, der sich Stephen nennt und ihn 1954 bittet, seinen nächsten Brief auf Englisch und nicht auf Französisch zu schreiben, weil er diese Sprache nicht beherrsche. Sein Bruder heißt Cham Ming Wong. Die Jungen tauschen Briefmarken und kleine Geschenke aus. Zu seiner angeblich bestandenen Matura gratulieren sie Stefan herzlich. »Nun bist du erwachsen«, schreibt Stephen, der mittlerweile in Taiwan lebt.

Wie oft auch Elisabeth Briefe geschrieben hat, wissen wir nicht, bestimmt immer dann, wenn sie Geld benötigte, was dem heranwachsenden Stefan allmählich peinlich zu werden beginnt. Aus einem Antwortschreiben von Elisabeths chinesischem Schwager vom Oktober 1953 wissen wir, dass sie zur Behebung von Sturmschäden an ihrem Haus um finanzielle Unterstützung bat und 20 Pfund Sterling erhielt.

Da seine Mutter ihre chinesischen Verwandten offensichtlich darüber im Unklaren ließ, wer tatsächlich der leibliche Vater ihres Sohnes Han Ning war, entschließt sich der nunmehr erwachsene Stefan dazu, reinen Tisch zu machen. Im Juni 1957 schreibt er einen Brief an seine chinesischen Cousins, der diese zutiefst verstört. Cham Ming Wong antwortet ihm am 28. Juni 1957 einigermaßen unterkühlt:

> Nachdem ich deinen Brief gelesen habe, den ich soeben erhalten habe, bin ich überrascht und erstaunt. Du schreibst, dass Sik Ning Wong nicht dein Vater ist und Elisabeth Wong nie mit ihm verheiratet war. All dies ist sehr befremdlich, weil Sik Ning Wong uns 1944 geschrieben hat, dass er im Sterben liege und eine Frau und einen fünfjährigen Sohn habe. In seinem Testament bat er uns, ihnen nach seinem Tod zu helfen. Am Ende des Testaments hat er die Adresse angefügt, dieselbe wie deine auf der Rückseite deines Umschlags. Von dieser Zeit an haben wir Elisabeth Wong immer finanziell unterstützt, wenn sie darum gebeten hat. Wir wären sehr dankbar, wenn du uns die Einzelheiten dieser Geschichte mitteilen könntest. Wer war Sik Nings wirkliche Frau, und hat er einen Sohn hinterlassen? Ist diese Elisabeth Wong deine Mutter? Was für eine Beziehung besteht zwischen euch dreien? Lebt deine Großmutter noch? Sik Ning sagte, dass seine Frau eine Mutter habe, deren einziges Kind sie sei. Wir hoffen also auf deine Antwort und auf Informationen über deinen Vater.

Stephens Brief vom 12. Juli 1957 ist versöhnlicher:

> Was du geschrieben hast, hat uns in einen tiefen Schock versetzt. Ich wünschte, ich könnte die richtigen Worte finden, um dir zu sagen, wie sehr mich dein Brief bewegt. Aber nach einer Woche haben sich die unangenehmen Dinge abgeschwächt, und ich habe mich wieder gefangen. Schau, Han Ning, wem sollen wir außer Gott vertrauen? Die Antwort muss lauten: deiner geliebten Mutter. Während des Krieges haben alle gelitten. Da ist eine junge Frau mit einem kleinen Kind. Was wird mit ihnen geschehen? Im Zweiten Weltkrieg war es nicht leicht, seinen Lebensunter-

halt zu verdienen. Wenn es stimmt, was du schreibst, warum hat es dir deine Mutter nicht gesagt? Hat es dir dein Großvater gesagt, oder Anna? Warum glaubst du anderen Leuten mehr als deiner Mutter?

Von Onkel Sik Nins jüngerem Bruder und meiner Tante weiß ich viel über Onkel Sik Ning. Er war ein berühmter Arzt und hat viel geleistet. Ich weiß, dass er nach Wien ging und deine Mutter kennenlernte. [...] Deine Mutter hat mir geschrieben, dass Sik Ning zur selben Stunde und Minute gestorben ist, wie sie geboren wurde. Sehr seltsam, nicht? Sie hat mir auch geschrieben: »Es gibt keinen Tag, an dem ich nicht an ihn denke.« Wie sehr hat deine Mutter ihn geliebt. Ich muss dir nur noch eine Frag stellen: Wie kommst du zu deinem Familiennamen »Wong«, wenn du gar nicht zur Wong-Familie gehörst? Ich habe immer noch das Foto, das man von dir als Baby gemacht hat. Meine Tante Yi-mei hat vor langer langer Zeit viel über dich gesprochen. Sie hat mir einmal gesagt, dass deine Mutter vor etwa zehn Jahren mit dir heimkommen wollte. Warum wohl? Du bist alt genug, um zu erfahren, was in der Vergangenheit passiert ist, und ich kann mir einfach nicht vorstellen, dass eine Mutter ihrem Sohn eine so wichtige Information vorenthält. Sie hat nicht mehr geheiratet und braucht dich also nicht zu betrügen, wenn das, was du erfährst, stimmt.

Ich glaube nicht, dass »Ring Hai Seu« ein japanischer Name ist. Es sieht mir eher wie ein chinesischer aus.

Warum fragst du deine Mutter nicht einfach?

Es ist nicht deine Schuld und auch nicht meine, weil wir es nicht wussten, sollte es stimmen – es ist fast unmöglich. Aber zwischen uns gibt es eine echte Freundschaft, auch wenn es keine Verwandtschaft ist. Nicht wahr? Ich muss es herausfinden. Und ich hoffe, dass du mich nicht so kalt behandelst und mich Mister nennst.

Stefan scheint die Ungereimtheiten ausreichend erklärt zu haben, denn die Korrespondenz mit der Familie Wong setzt sich bis in die frühen 1960er-Jahre fort. Nach Stefans Heirat wird auch Etha in die Familie aufgenommen, die Stephen mit »Dearest sister« anspricht.

Elisabeth nennen sie »Mama«, manchmal »Darling mama«. Immer mal wieder wird über die Möglichkeit einer Zusammenkunft in China oder Wien gesprochen, aber dazu kommt es nie. Stephen beginnt sogar, Deutsch zu lernen, und trägt sich mit dem Gedanken, sich in Österreich niederzulassen. Auch umgekehrt träumt Elisabeth von einem Leben in China. Im März 1958 schreibt Stephen der »Tante Elisabeth«, er könne sich durchaus vorstellen, teure westliche Kleidung nach Taiwan zu exportieren. Auch über eine Schneiderei in Taiwan wird nachgedacht. Stephen versichert Elisabeth, dass sie von den Menschen in Taiwan freundlich aufgenommen werden würde. Es gebe viele Ausländer, die sich in Taiwan wohlfühlen würden, das moderne China sei nicht mehr so wie in alten Zeiten. Und Lilly, wohl Cham Ming Wongs Frau, schreibt: »Vater hat gesagt, dass du, wenn du hierherkommst, an einer privaten Hauswirtschaftsschule als Lehrerin für Kleiderdesign arbeiten könntest, weil der Direktor dort sein ehemaliger Lehrer ist.«

Stefan erinnerte sich an eine kuriose Geschichte. *Se non è vero è ben trovato.* Eines Tages, als Stefan noch ein Kind war, beschloss Elisabeth, nach China auszuwandern, und packte einen Schrankkoffer. In Mondsee bestiegen sie den Zug, um nach China zu reisen. Freunde standen am Bahnhof und weinten. Was dann passierte, war aus Stefans Gedächtnis gelöscht, er wusste später nur, dass er am Abend wieder in seinem Bett in Mondsee lag.

Fest steht, dass der Chinese Stefan niemals in China war.

Dagmar

Suzie und Dagmar Wong, 1976

Die achtzehnjährige Hannoveranerin Dagmar Steppke-Wiesender war aus Köln, wo sie bei ihrer Adoptivfamilie lebte, nach Wien gekommen, um an der Hochschule für angewandte Kunst Architektur zu studieren. Der Meisterschüler Stefan und die Meisterschülerin Dagmar saßen in einer Klasse bei Innenarchitekt Professor Soulek. Dagmar bewohnte in der Nähe des Schloss Belvederes bei einem alten arabischen Herrn ein Untermietzimmer, in das sie, um in ihr Zimmer zu gelangen, von der Straße aus übers Fenster einsteigen und durch sein Schlafzimmer schleichen musste.

Gefunden haben sich Dagmar und Stefan auf einer Fahrt nach Köln. Stefan und ein Studienkollege waren auf dem Weg zur Möbelmesse nach Stockholm und boten Dagmar an, im 2CV bis Köln mitzufahren. Der Kapazität des Autos entsprechend, war die Fahrt zwar langsam, aber umso amüsanter. Der Picknickkorb war schon in Amstetten leergegessen, danach blieb nur noch Popcorn. Erst am frühen Morgen erreichten sie Köln, und Dagmars Adoptivmutter, die Schwester ihrer früh verstorbenen Mutter, zauberte eilig ein Frühstück für die übermüdete Meute. Dagmar war so aufgeregt, dass sie das Marmeladebrot mit Messer und Gabel aß. Ihre Adoptivmutter wusste gleich Bescheid, auch wenn der Studienkollege ihr lieber gewesen wäre als der »wilde Wong«, der mit seiner schwarzen Lederjacke nicht der Idealvorstellung eines Schwiegersohns entsprach. Aber da war nichts zu machen. Auch Stefans Studienkollege fand die sich unübersehbar anbahnende Liaison unangemessen, weil Dagmar zu dem Zeitpunkt noch mit einem anderen ein »Pantscherl« hatte. Geschockt zog sich Stefans Reisebegleiter von den beiden zurück und entschuldigte sich erst bei Stefans Begräbnis posthum für seine damalige puritanische Rigidität. Es war noch vor 1968, und in Wien ging ohnehin alles langsamer.

In seiner Studienzeit übernahm Stefan diverse Studentenjobs, um über die Runden zu kommen. So war er Chauffeur bei Coca-Cola, Nachtportier in einem Innenstadthotel und Fahrer für eine Wurstfabrik, was zur Folge hatte, dass er seiner Familie später untersagte, bei einem Fleischhauer Wurst zu kaufen. Was er in der Wurstfabrik gesehen hatte, konnte er nicht vergessen.

1969 haben der »wilde Wong« und die Muzl, wie er Dagmar nannte, brav geheiratet, standesamtlich in Wien und in der katholischen Kirche von St. Veit an der Gölsen bei Tante Berta. Das stimmte zwar alles hinten und vorne nicht, denn die Braut war protestantisch und Stefan aus der katholischen Kirche ausgetreten, doch Tante Berta, der Stefan auf komplizierte Weise verwandtschaftlich verbunden war, sollte ihre Freude haben. Berta Winders Eltern waren Bildhauer, die in den 1930er Jahren nach St. Veit an der Gölsen in Niederösterreich ausgewandert, einen Gutshof erworben und versucht hatten, sich in den Krisenjahren mit einer Landwirtschaft über Wasser zu halten.

Die unverheiratete Berta war die letzte Nachfahrin der Familie, eine Bäuerin mit Katzen, Hunden, Hühnern, Gänsen, einem Esel und acht Kühen, von denen jede ihren eigenen Namen hatte.

Außerdem betreute sie mehrere Generationen Pflegekinder, darunter eben auch Stefan, der als Jugendlicher die lange Strecke von Wien nach St. Veit radelte, nur um Zeit mit seiner Berta zu verbringen. Sie schenkte ihm schließlich in St. Veit an der Gölsen ein Grundstück, auf dem Stefan und Dagmar in den 1980ern etwas Unglaubliches zustande brachten: Ein dreihundert Jahre altes Bauernhaus, in das sie sich in Veitsch in der Steiermark verliebt und das sie erworben hatten, trugen sie Stück für Stück ab, um es in St. Veit an der Gölsen wieder aufzubauen. Das mitten im Wald gelegene Holzhaus war ein Kleinod, ein mit bäuerlichen Antiquitäten vom Feinsten vollgestopftes Knusperhäuschen. Es hatte Fußböden aus Ziegeln, einen gemauerten Herd zum Kochen und Heizen und zwei Kachelöfen, die über zwei Geschosse reichten. Dort verbrachte die Familie viele Wochenenden und Ferien. Zu einer Zeit, als noch niemand von »bio« sprach, sammelten sie wochenlang Fallobst, um daraus Most zu machen, stellten ihre eigene Wurst her und halfen Tante Berta beim Heuen und im Kuhstall.

Als Dagmar Stefan Ende 1969 mitteilte, dass sie schwanger war, griff der sich an den Kopf und sagte: »Oje, Muzl, jetzt ist das Leben aus!« Doch schließlich wurde Stefan ein überaus fürsorglicher Vater. Als Sohn jedoch entschloss er sich vor Suzies Geburt am 12. Mai 1970, den Kontakt zu seiner Mutter abzubrechen. Zu lästig waren ihm ihre ständigen Intrigen. Immer wieder flüsterte Elizza, wie sie sich nun immer nannte, Dagmar Geschichten von der armen Selbstmörderin Etha ein, was zu Streitigkeiten zwischen Dagmar und Stefan führte. Davor gab es durchaus auch gemeinsame Unternehmungen zu dritt, doch Elizza schien bestrebt, wie schon bei Etha einen Keil zwischen Dagmar und ihrem Sohn zu treiben, um den sie sich in seiner Kindheit und Jugend nicht allzu sehr gekümmert hatte. Und Dagmar glaubte ihrer Schwiegermutter, die in Wien die renommierte Kunstgalerie Tao leitete. Der Wirkung ihrer faszinierenden Erscheinung konnte auch sie sich nicht entziehen.

Elizza hatte von ihrem Vater Karl Bräuer das Haus in der Sechshauserstraße geerbt, in dem es leerstehende Wohnungen gab. Als Stefan und Dagmar eine Wohnung suchten, lag es ihr fern, ihnen eine davon anzubieten: »Ihr seid tüchtige junge Leute, ihr werdet

Suzie und Stefan Wong, 1978

schon etwas finden«, winkte sie ab. Und wieder ärgerte sich Stefan. Was war das nur für eine Mutter!

Bald nach Suzies Geburt fand das junge Ehepaar eine Dachwohnung im Bezirk Ottakring mit riesigen Atelierfenstern über den Dächern Wiens, die sie nach ihren Vorstellungen umbauten und ihr Pariser Flair verliehen. Alte Möbel kombinierten sie mit moderner Einrichtung. Wie in den 1970er-Jahren üblich, hatten sie einen orangefarbenen Teppich und Vorhänge mit einem schrillen Urwaldmuster, die sie allerdings nach wenigen Monaten abnahmen, weil sie nicht zum Aushalten waren. Ottakring war damals noch ein typischer Vorstadtbezirk. Das Gebäude aus der Jahrhundertwende, in dem die Familie Wong wohnte, war im Krieg stark beschädigt worden, doch das Treppenhaus und die Bodenfliesen ließen noch seinen alten Zustand erahnen. Bis hinauf in den sechsten Stock gab es Zimmer-Küche-Kabinett-Wohnungen mit Toilette und Bassena auf dem Gang. Und in der ganzen Gegend waren Wirtshäuser und Branntweiner. Noch bis 2007 hatte eine der Wohnungen im Haus keinen Wasseranschluss.

Suzie, Dagmar und Stefan Wong, um 1974

Die Bewohnerinnen und Bewohner waren entsprechend. Im Erdgeschoss wohnte die neunzigjährige Frau Hausner, eine ehemalige Prostituierte. Sie steckte Suzie Schokolade zu, die von Dagmar sofort konfisziert wurde, als sie in ihr Maden entdeckte. In einer Wohnung ohne Fließwasser hatte die achtzigjährige Frau Dolecal in zwei Zimmern mehrere Kinder aufgezogen und wurde regelmäßig von ihrer Schwester besucht, einer stets fidelen Nonne. Dann gab es den Straßenbahner, der jeden Samstag im rot-weiß kariertem Hemd mit Wanderstab und Ehefrau in den Wienerwald pilgerte. Und den Herrn Godai in der Wohnung unterhalb, der vor der Wohnungstür mit vielen Bürsten und Lappen seine Schuhe putzte. Auf dem Kopf trug er stets ein Haarnetz, und wenn Suzie an ihm vorüberging, brachte er ihr jedes Mal ein neues Sprichwort bei. Seine Frau, eine Alkoholikerin, passte manchmal auf Suzie auf und backte hervorragende Kuchen. Sie war ständig betrunken, trug tagaus tagein einen Schlafrock und befleißigte sich einer ziemlich derben Sprache, während ihr Mann stets im Anzug steckte und schön sprach, nach der Schreibe, wie man in Wien sagt.

Schon bald mietete Stefan eine leerstehende Wohnung unterhalb und richtete sich mit zwei Mitarbeitern ein Architekturbüro ein, in dem auch Dagmar arbeitete. Dort durften Suzie und später ihre Schwester Stefanie spielen und zeichnen. Mitte der 1970er eröffnete Stefan mit Dagmar ein Antiquitätengeschäft. Stefan kümmerte sich um die Wohnungsräumungen, und Dagmar schmiss den Laden, wegen der Kinder – 1981 wurde Stefanie geboren – nur vormittags. Nachmittags war sie mit den Töchtern unterwegs, und am Sonntagvormittag nahm Dagmar, eine ausgezeichnete Eisläuferin, die Kinder zum Eislaufen mit – auf den kleinen Eislaufplatz im 14. Bezirk, in die Stadthalle und später in den Wiener Eislaufverein. Dagmar beendete schließlich auch ihr Studium an der Akademie, das sie wegen der Schwangerschaft mit Suzie unterbrochen hatte. Am Nachmittag ging Stefan mit seinem Töchterchen die Mutter von der Akademie abholen. Dagmar wollte ihr Studium unbedingt mit Diplom abschließen. »Wann ist denn dein Plom endlich fertig?«, fragte Suzie genervt.

Dagmar schaffte es, im Gegensatz zu Stefan, der sein Studium nie beendete. Er brach es ab, weil ihm das ganze Brimborium an der Akademie auf die Nerven ging. Außerdem musste er Geld verdienen. Später hat er seiner Tochter Suzie nicht erlaubt, ihr Studium zu schmeißen. »Mach fertig«, lautete sein Mantra. Er selbst hätte es mit einem Abschluss leichter gehabt im Leben, schärfte er ihr ein. Um als Architekt einen Plan zu unterzeichnen, ist ein Abschluss nötig, weshalb Stefan immer mit einem Kollegen zusammenarbeiten musste, der einen solchen vorweisen konnte.

In Suzies frühester Erinnerung war Dagmars Sprache anders als die der Wiener um sie herum, schließlich stammte sie aus Hannover, wo man angeblich das reinste Deutsch spricht. Da Stefan, der Dialekt sprach, ihre Sprache nicht mochte, lernte sie rasch Wienerisch. Wenn sie jedoch mit ihren deutschen Freundinnen telefonierte, schlüpfte sie in Sekundenschnelle in ihr altes Hochdeutsch. So sehr sich Suzies Eltern auch mochten, so oft haben sie sich doch auch gestritten. Stefan war keiner, mit dem es sich in Harmonie leben ließ. Und einmal hatte er auch ein Techtelmechtel, als er sich öfter auf einer Baustelle in der Steiermark aufhielt, und Dagmar zuhause das Kind betreute. Sie kam ihm dahinter, weil sie in seinem Sakko Ohrringe fand. Als Mutter und Hausfrau sei sie ihm wohl zu häuslich gewesen, versuchte sich Dagmar einen Reim auf Stefans Fehltritt zu machen. Auch wenn die beiden sich wieder versöhnten, so verzieh sie es ihm doch nie ganz.

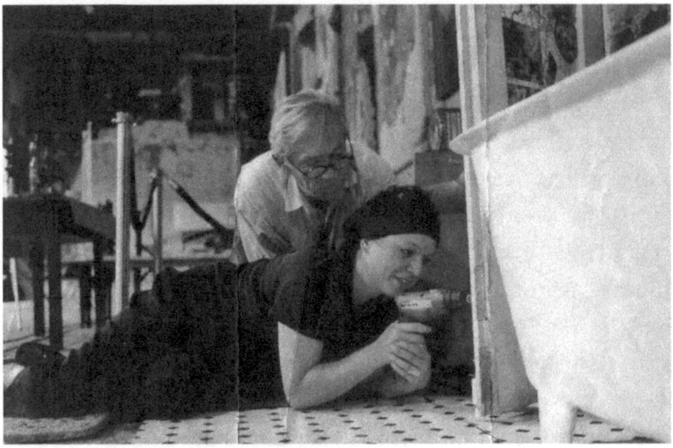

Suzie und Stefan Wong, Symposion Heizhaus Stammersdorf, 2002

1987 kauften Suzies Eltern ein einstöckiges Haus im Westen Wiens, das nach vorne auf die stark befahrene Hadikgasse ging, nach hinten jedoch mit einem wunderschönen Garten eine Oase der Stille bot. Die langgestreckte Wohnung im Obergeschoss wurde von Dagmar und Stefan zu einer ästhetisch anspruchsvollen Behausung ausgebaut. Suzie blieb noch eine Weile in der alten Wohnung in Ottakring, und die Eltern zahlten ihr die Miete.

Am 29. Oktober 1991 wurde Dagmar in unmittelbarer Nähe ihres Hauses beim Überqueren der Hadikgasse von einem Auto erfasst und starb an den Folgen des Unfalls. Sie war 46 Jahre alt. Suzie war damals 21, Stefanie zehn. Ein Schatten fiel über die Familie.

Suzie ist davon überzeugt, dass es sich um einen Suizid handelte. Dagmar litt an Depressionen, zurückzuführen auf einen Gefäßverschluss im Kopf. Diagnostiziert wurde er an einem Sonntag, als sich die Familie in ihrem Häuschen in St. Veit aufhielt. Erst hatte Dagmar Kopfschmerzen, und dann fand Suzie sie mit verzerrtem Gesicht im Badezimmer. Die Tochter hielt es erst für eine witzige Inszenierung. Da es ihr Geburtstag war, kehrte Suzie schon bald in die Stadt zurück, um mit Freundinnen und Freunden zu feiern. Stefan brachte Dagmar nach Wien, wo im Krankenhaus an einer Stelle im Gehirn, die man nicht operieren konnte, ein Gefäßverschluss festgestellt wurde. Seither litt Dagmar an Depressionen und an der ständigen Angst, der Zustand könnte wiederkehren. Sie nahm stark ab und wog schließlich nur noch vierzig Kilo. Nachts konnte sie nicht schlafen und verließ das Haus nicht einmal mehr, um einkaufen zu gehen. Ihre letzte Hoffnung war ein Homöopath, den Suzie für einen Scharlatan hält. Am Tag von Dagmars Beerdigung traf von ihm eine Rechnung über 20.000 Schilling ein.

Stefan glaubte nicht an die Suizidversion. Er hielt den Unfall für das Ergebnis eines erneuten Gefäßverschlusses. Doch die Straße, die Dagmar überquerte, ist eine stark befahrene Ausfallstraße in den Westen, auf der die Autos mit großer Geschwindigkeit vorüberrasen. Keine Ampel, keine Querstraße, kein Zebrastreifen verlangsamen ihr Tempo. Niemand überquert an dieser Stelle die Straße, es ist viel zu gefährlich. Auf dieser Fahrbahn ließ sich Dagmar auf die Knie und dann auf den Bauch fallen. Wenn man zusammenbricht, fällt man nicht auf Knie und Bauch, meint Suzie. Für einen Suizid spricht auch, dass Dagmar vorher noch ihre Sachen in Ordnung gebracht und im Geschäft alle Waren für Stefan beschriftetet hatte. Kurz davor war Suzie, die keine Waschmaschine besaß, mit ihrer Wäsche im Elternhaus erschienen, und Dagmar hatte gesagt: »In Zukunft musst du lernen, das selbst zu erledigen.«

Nach dem Zusammenprall mit dem Auto lebte sie noch, aber es dauerte lange, bis die Ambulanz am Unfallort eintraf. Schließlich starb sie in der Rettung an Schock. Die Verletzungen seien nicht so schlimm gewesen, meinte der Arzt, innerhalb einer Woche hätte man sie auf der Intensivstation retten können. Aber sie wollte nicht mehr leben. Einmal hatte Dagmar zu Stefan gesagt, sie würde am liebsten alle Medikamente im Medikamentenschrank einwerfen und nicht mehr aufwachen. Darauf hatte Stefan wochenlang auf einer Matratze im Badezimmer geschlafen und war nicht mehr arbeiten gegangen. An den beiden Tagen vor dem Unfall schien es Dagmar besser zu gehen, und Stefan war zum ersten Mal wieder auf einer Baustelle. »Geh nur«, sagte sie zu ihm, »mir geht es gut«.

Für die zehnjährige Stefanie war Dagmars Tod wahrscheinlich am schlimmsten. Sie war ein ängstliches, schüchternes Kind, das viel weinte und am Rockzipfel der Mutter hing. Anders als Suzie, die man immer irgendwo suchen musste, wurde Stefanie bei Kinderfesten nicht mit Hallo begrüßt. Dagmar sagte, dass sie Stefanie als

Kind ähnlich war. Jahrelang sprach Stefanie nicht über den Tod ihrer Mutter. Suzie zeigte ihr manchmal ein Foto und versuchte, mit ihr darüber ins Gespräch zu kommen. Aber Stefanie blockte ab. Rückblickend haben Stefan und Suzie nach Suzies Meinung einen großen Fehler begangen. Weil sie selbst so überfordert waren, sagten sie dem Kind zuerst nur, dass die Mami im Spital sei. Doch ein Freund Stefanies plauderte aus, dass er vom Tod ihrer Mutter gehört habe. Als Stefanie Stefan und Suzie damit konfrontierte, waren sie wie vom Donner gerührt und fanden zuerst keine Worte. Nun mussten sie mit der Wahrheit herausrücken. Stefanie sagte nichts und verlangte nur nach einem Bad. Dagmar hatte eine schöne Schmuckschatulle, die Suzie zusammen mit ihrer Schwester aus- und einräumte, wieder in der Hoffnung, mit ihr ins Gespräch zu kommen. Aber es half nicht. Heute kann Stefanie nachvollziehen, dass die beiden eine Bedenkzeit benötigten, ehe sie es ihr sagten. Sie selbst hätte wohl nicht anders gehandelt. Stefanie erinnert sich, dass sie damals in erster Linie wütend war, wobei ihr nicht klar ist, auf wen. Es war einfach der Zorn über das Unbegreifliche, das plötzlich über sie hereingebrochen war.

Über Weihnachten nahm Stefan die Töchter mit auf eine Reise nach Kuba. Das war insofern traurig, weil Dagmar so gern gereist war, was die junge Familie zu Beginn auch durchaus getan hatte. Viele Urlaube verbrachten sie in Jugoslawien, Deutschland, Italien und in der Türkei, doch in den letzten Jahren konzentrierte sich Stefan immer mehr auf seine Baustellen und hatte keine Zeit für Familienurlaube.

Um sich abzulenken, stürzte sich Stefan schon vor der Reise in eine Affäre mit seiner Sekretärin, über die sich Dagmar und die Kinder früher immer lustig gemacht hatten. Seine Töchter waren wütend und ließen es die Frau spüren, insbesondere Stefanie, auch wenn die Frau ihrem Vater in dieser schlimmen Zeit eigentlich eine wertvolle Stütze war, privat ebenso wie im Büro. Es kam zu fürchterlichen Streitereien. Suzie weigerte sich anfangs, nach Kuba mitzufahren, gab aber schließlich nach. Dort machte Stefan ununterbrochen Programm, von den vierzehn Tagen waren sie ein einziges Mal am Strand. Suzie hatte davor ihren Vater noch nie in der Badehose gesehen. Sie kannte ihn nur arbeitend.

Stefan Wong, Wienbibliothek, 2002

Danach suchte Stefan gezielt nach einer Frau, beantwortete Inserate und setzte selbst welche in die Zeitung. Auf diese Weise geriet er an meine Cousine. Die fand er okay, und auch die Kinder waren einverstanden. Stefan, der eher traditionell eingestellt war, wollte rasch heiraten. Die Verbindung sollte offiziell sein. Stefans neue Frau war tüchtig, brachte frischen Wind ins Haus und kümmerte sich um Stefanie. Ungefähr zehn Jahre hielt das Arrangement.

Elizza, Mutter und Großmutter

Elizza Wong, 1940er-Jahre

Seit der Geburt seiner Tochter Suzie im Jahr 1970 sprach Stefan kein Wort mit seiner Mutter, die am 29. Dezember 2006 starb. Doch Dagmar war davon überzeugt, dass es eine große Liebe gegeben habe zwischen Mutter und Sohn, die keinen Ausdruck fand. Als Suzie ein Teenager war, begann Elizza, Stefan zu Vernissagen einzuladen. Er lehnte immer ab. Hätte Suzie darauf bestanden, wäre er vielleicht mitgekommen, meint sie heute. Auch so waren die beiden stets gut informiert über einander. Zuträger von Informationen war ein gemeinsamer Freund aus Mondsee. Manchmal sah Stefan seine Mutter auf der Straße – mit ihrem knallrot gefärbten Haar war sie eine schwer zu übersehende Erscheinung. Gegrüßt haben sie einander nicht. Stefan kannte auch Elizzas Liebhaber Leopold

Schersch, mit dem sie seit 1964 Jahren zusammenlebte und den sie kurz vor ihrem Tod heiratete. Er ist ein mittelmäßiger Künstler, der sich unter Elizzas Anleitung auf das Malen von Wasser spezialisierte und sich dann Aqua Aqua nannte. Er wurde 1939 geboren, im selben Jahr wie ihr Sohn. Verständlicherweise war Stefan von dieser Liaison nicht begeistert.

Von Suzies Existenz hatte Stefans Mutter zwar Kenntnis, begegnete ihrer Enkelin aber zum ersten Mal bei einer Ausstellungseröffnung, als diese zwanzig war. Dort stellte sie Suzie nicht als ihre Enkelin vor, sondern als »junge Restauratorin«. Stefan nannte sie Suzie gegenüber »die andere Seite«, was immer das bedeuten mochte. Suzie, schärfte Elizza ihrer Enkelin ein, solle nicht ein ebenso gescheitertes Leben führen wie »die andere Seite«.

Als Dagmar starb, setzte Stefan seine Mutter davon schriftlich in Kenntnis und erhielt von ihr einen Brief auf rosa Briefpapier. Ihr Herz sei voller Tränen, schrieb Elizza dramatisch. Und wieder ärgerte sich Stefan.

Stefans Großvater, Karl Bräuer, vermachte seinem Enkel seine Wiener-Werkstätten-Rollschränke und sämtliche Büromöbel – ein wertvolles Erbe, denn in der Zwischenzeit hatten Möbel und Gebrauchsgegenstände der Wiener Werkstätte einen beträchtlichen Wert. Als Stefan die Sachen an sich nehmen wollte, fragte ihn der Notar, ob er sein Erbe zweimal antreten wolle, er habe sie doch bereits abgeholt. Elizza war ihm zuvorgekommen! Einen schwarzen verglasten Wiener-Werkstätten-Schrank, den Stefan in der Sechshauserstraße im Hof fand, lud er auf seinen Wagen und fuhr damit davon. Einen zweiten identischen Schrank aus der Wohnung konnte Suzie eines Tages in einem großen Wiener Auktionshaus im Nachverkauf erwerben.

Als 2006 die Information durchsickerte, dass sich Stefans Mutter in Lainz im Pflegeheim befand, redete Suzie ihrem Vater zu, sie zu besuchen, um die letzte Gelegenheit zu nutzen, mit seiner Mutter Frieden zu schließen. Der Gedanke rumorte in ihm, doch am Ende tat er es nicht. Als sie am 29. Dezember 2006 im Wiener Kaiser-Franz-Josef-Spital starb, bezahlte er die ausständige Summe für das vernachlässigte Familiengrab, das in Friedhofseigentum überzugehen drohte, und ließ es renovieren. Er hielt sich für den

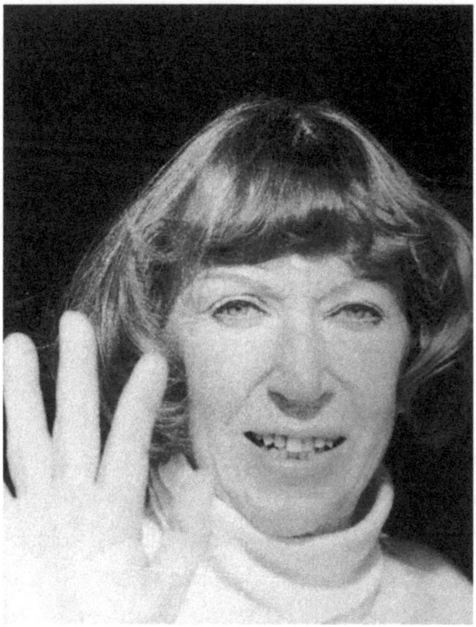

Elizza Wong, 1990er-Jahre

Grabinhaber, musste aber schließlich erfahren, dass der Inhaber ein längst verstorbener Urahn war. Deshalb erhielt er auch keine Mitteilung, dass ein Begräbnis stattfinden würde, und Elisabeths Ehemann verständigte Stefan nicht. Er erfuhr es drei Tage danach zufällig von der Friedhofsgärtnerei. Stefan war wütend. Nicht nur den Vater hatte ihm seine Mutter vorenthalten, indem sie ihm nichts über ihn erzählt hatte, sondern auch ihr eigenes Begräbnis.

Für Stefan, den Architekten, war ein Grab eine Wohnung. Sie wohne dort, sagte er, und auch er werde eines Tages dort wohnen. Allerdings war nur noch ein Zimmer frei in dieser Wohnung. Sollte der Ehemann seiner Mutter vor ihm das Zeitliche segnen, würde er diesen Platz gewiss für sich beanspruchen. Stefan steigerte sich in die Überzeugung hinein, er würde die Leiche seiner Mutter ausbuddeln müssen, um Platz für sich selbst zu schaffen. Schließlich erwies es sich, dass es gegen Bezahlung möglich war, das Grab für eine weitere Leiche zu vergrößern, was Stefan zähneknirschend akzeptierte.

Und dann kam noch ihr Testament dazu, das Suzie im Bezirksgericht unter Aufsicht in Augenschein nehmen konnte. Darin zählte Elizza alles auf, was sie an Kunstgegenständen und Möbeln besaß, und setzte ihren Ehemann Leopold Schersch als Universalerben ein. Sie bezeichnete ihn als »Menschen im Sinne der christlichen Humanitas«, während sich ihr Sohn, »den ich zum letzten Mal 1969 gesehen habe, gegen das christliche Gebot der Elternliebe schwer vergangen« habe. »Seine Lieblosigkeit, totale Herzlosigkeit, sein Ränkespiel, meinen Vater (Arch. Carl Bräuer) gegen mich einzunehmen, veranlassen mich, ihm kein Erbe aus meinem Besitz zu vermachen!« Als weiteres Beispiel für Stefans Lieblosigkeit führte sie seine Matura-Lüge an. »Ein furchtbarer Schock für mich!« Ein »weiteres äußerst merkwürdiges Verhalten meines Sohnes« sei der Umstand gewesen, dass er ohne Rücksicht auf ihre Einwände und die der Mutter seiner Braut auf eine sofortige Heirat mit Etha König bestanden habe, »obwohl er in keiner Weise für eine Familiengründung aufkommen konnte«. Und weiter klagt sie:

> Es gelang mir, obwohl er kein Maturazeugnis hatte, dass er an der Hochschule für Angewandte Kunst [...] Architektur inskribierte. Und wieder zeigte sich sein äußerst merkwürdiger und undankbarer Charakter: Auch dieses Studium beendete er nicht, verliebte sich hingegen in eine Studienkollegin aus Deutschland – Dagmar – und verließ bei Nacht und Nebel seine Frau Etha. Darauf machte seine Frau einen Selbstmordversuch. Seine Schwiegermutter [...] konnte ihn erst nach einigen aufregenden Tagen ausfindig machen. Nachdem sie ihm mitgeteilt hatte, was vorgefallen war, sagte er, er könne ihr nicht helfen, er komme, um sich einige Utensilien zu holen.

An einer anderen Stelle heißt es:

> Ein weiterer Beweis seiner völligen Herzlosigkeit ist die Tatsache, dass er seit seiner Trennung von Etha nie mehr um mein Befinden in irgendeiner Weise nachgefragt hat. Seit 1966 hat er mich nie mehr besucht.

Krieg

Der Trennung von Elisabeth und Yeong-hae folgte ein sonniger Sommer. Der amerikanische Fotograf William Vandivert hält im Juli 1939 für die namhafte Zeitschrift *Life* in bezaubernden Farbfotografien die Ruhe vor dem Sturm fest: ein Blumenmarkt mit schlendernden Passantinnen und Passanten, ein Flohmarkt, auf dem abgetragene Schuhe und Mäntel feilgeboten werden, Leute, die an der Seine bei den Bouquinisten nach Büchern stöbern, ein Weinmarkt, die geschichtsträchtige Conciergerie, aufgenommen von der gegenüberliegenden Seite der Seine, vergnügte Menschen in einem Café, eine enge, gewundene Straße in Montmartre, die auch die rue Malebranche sein könnte, in der Seo Yeong-hae wohnte, Plakate entlang der rue de Courcelles, die für die staatliche Lotterie, eine Kunstausstellung, Maggisuppe und für Jean Renoirs Filmklassiker *Les Règles du Jeu* werben. Eine von Vandiverts Aufnahmen zeigt die Parade anlässlich des 14. Juli, gelblich-braun uniformierte Soldatenblöcke marschieren die Champs-Élysées hinunter auf den Place de la Concorde zu, wo schon bald ganz andere Soldaten aufmarschieren werden. Ein anderes Foto zeigt den Jardin du Luxembourg mit dem Teich, an dem sich Yeong-hae und Elisabeth einst kennenlernten.

Ob sie Yeong-hae fehlte? Wir wissen es nicht. Wir wissen nur, dass es nach der Trennung keine nachweisbare Korrespondenz zwischen ihnen gab, und keinerlei Hinweise darauf, dass er von der Existenz des Kindes wusste, das Elisabeth in ihrem Bauch mit nach Wien genommen hatte. Vielleicht war er wütend auf sie, dass sie sich dazu entschieden hatte, ins Nazi-Wien zurückzukehren, vielleicht war er aber auch erleichtert über die Trennung, weil sie sich auseinandergelebt hatten, und er sich von ihr nicht verstanden fühlte.

Seit August 1938 gab es in Frankreich eine neue Regierung unter Édouard Daladier von der Parti Radical-Socialiste, der in der Volksfrontregierung unter dem Sozialisten Léon Blum Kriegsminister war. Durch Investitionsförderung und Anhebung der Preise gelang es ihm, die Inflation zu stoppen, den Franc zu stabilisieren und die Produktion anzukurbeln, insbesondere wegen der erhöhten Militärausgaben angesichts eines drohenden Krieges. Daladiers Regierungen waren häufig von der Duldung oder Unterstützung wechselnder politischer Lager abhängig, was ihn dazu veranlasste, auch selbst einige Male den Kurs zu wechseln. Allgemein war die Stimmung in der Bevölkerung entspannt. Filmaufnahmen zeigen Ruderboote im Teich des Bois de Boulogne, flanierende Menschen auf den Champs-Élysées, viel Verkehr – Autos und Fahrräder – rund um den Place de la Concorde, Zeitungsverkäufer im Quartier Latin, wo Kellner in weißen Jacketts Kaffeetassen auf Tabletts balancieren. Ein mobiler Eisverkäufer bietet Eis in Tüten an, ein Polizist in weißen Handschuhen regelt mit eleganten Bewegungen den Verkehr.

Gegenüber Deutschland verfolgte Daladier eine Appeasement-Politik. Doch nach Hitlers Überfall auf Polen am 1. September 1939 erklärte er in Erfüllung der britisch-französischen Garantieerklärung gegenüber Polen dem Deutschen Reich am 3. September den Krieg, den er eigentlich vermeiden wollte. Schlagartig war Paris von Plakaten zur Mobilisierung aller tauglichen Männer zwischen achtzehn und vierzig übersät. Die jungen Männer schrieben Abschiedsbriefe und packten eilig ihre Sachen. Schon bald war Paris verändert. Die Männer waren eingezogen, und an die Bevölkerung wurden Gasmasken verteilt. Schülerinnen und Schüler brachten sie in den Unterricht mit. Familienväter schickten ihre Frauen, Kinder und Eltern zu Verwandten und Bekannten aufs Land. Die Bahnhöfe quollen über, zumal viele Züge dem Transport der Rekruten vorbehalten waren. Daladier, der auch das Außenministerium übernahm, gründete ein Kriegskabinett.

Am 9. September marschierten französische Truppen in das Saarland ein. Wie ihnen aufgetragen, leisteten die Truppen der Wehrmacht keinen Widerstand, weil Deutschland einen Zweifrontenkrieg vermeiden wollte. Diese begrenzte französische Offensive hatte lediglich zum Ziel, den Verpflichtungen des französisch-polnischen Beistandspaktes vom Mai 1939 Genüge zu tun. Polen hatte nichts davon, Anfang Oktober war es besiegt, und die Wehrmacht konnte ihre Waffen und Soldaten an die Westfront verlegen. Schon am 17. Oktober verließen die letzten französischen Truppen deutsches Gebiet und zogen sich wieder auf ihre Ausgangsstellungen an der Maginot-Linie zurück.

Den Zustand an der Westfront zwischen der französischen und britischen Kriegserklärung an das Deutsche Reich und dem Beginn des deutschen Westfeldzugs am 10. Mai 1940 nannten die Franzosen *drôle de guerre*, einen seltsamen Krieg. Die britische Presse prägte den Begriff »Sitzkrieg«, ein ironischer Bezug zu »Blitzkrieg«. Beide Seiten blieben militärisch weitgehend passiv. Dieser *drôle de guerre* war nicht zuletzt auf das Fehlen einer gemeinsamen alliierten Strategie zurückzuführen. Frankreich verfügte zwar über ein mehrere Millionen Mann starkes Heer, war aber kaum auf das Führen eines Offensivkriegs vorbereitet. Stattdessen sah die französische Militärdoktrin primär eine auf die Maginot-Linie gestützte Verteidigung vor. Auch französische Luftangriffe auf Deutschland wurden verworfen, da man mit starken Vergeltungsangriffen der Luftwaffe rechnete, welche die im Osten des Landes konzentrierte französische Flugzeugindustrie hätten schwächen können. Ab September 1939 trafen die ersten Einheiten des britischen Expeditionskorps in Frankreich ein. Im Dezember standen alle fünf aktiven Divisionen des britischen Berufsheers in Frankreich.

Auf deutscher Seite galt ein Führerbefehl Adolf Hitlers:

> Im Westen kommt es darauf an, die Verantwortung für die Eröffnung von Feindseligkeiten eindeutig England und Frankreich zu überlassen. Geringfügigen Grenzverletzungen ist zunächst rein örtlich entgegenzutreten. Die deutsche Westgrenze ist an keiner Stelle ohne meine ausdrückliche Genehmigung zu überschreiten

Bei den Nürnberger Prozessen sagte der deutsche Heeresoffizier Alfred Jodl:

> Dass wir nicht bereits im Jahr 1939 gescheitert sind, war nur dem Umstand zu verdanken, dass während des Polenfeldzuges die französischen und britischen Divisionen im Westen komplett inaktiv gehalten wurden.

Von der rue Malebranche aus beobachtete Seo Yeong-hae die Veränderungen, die sich in der Stadt vollzogen. Viele seiner französischen Freunde waren zu ihren Einsatzorten unterwegs. Yeong-hae blieb allein. Allein auch mit der Sorge um sein Heimatland. Jetzt, da sich Frankreich im Krieg befand, gab es noch weniger Bereitschaft, sich mit dem Schicksal Koreas zu befassen.

Daheim wehrte sich die koreanische Bevölkerung gegen die Fremdherrschaft, so gut sie konnte. Während der Olympischen Sommerspiele von 1936 in Berlin feierte der Widerstand einen kleinen Triumph. In der 2. Abendausgabe der koreanischsprachigen Zeitung *Donga Ilbo* vom 25. August erschien auf der Titelseite die Fotografie des Nationalhelden Sohn Kee-chung auf dem Siegerpodest, der unter dem japanisierten Namen Son Kitei antreten musste. Zwei Wochen zuvor hatte er in Berlin die Goldmedaille für den Marathon gewonnen und Korea in einen Freudentaumel versetzt. Es war die erste Goldmedaille in der Geschichte des koreanischen Sports. Jedes koreanische Schulkind lernt heute die Geschichte des Sohn Kee-chung und wie auf dem Foto in der Zeitung die japanische Fahne auf Sohns Uniform gelöscht und durch einen schwarzen Fleck ersetzt worden war. Ohne Wissen der Redaktion hatten einige Journalisten diese Aktion durchgezogen, nachdem die erste Ausgabe von der Kolonialzensur freigegeben worden war. Wenig überraschend wurden die Verantwortlichen bestraft, und die Zeitung konnte neun Monate lang nicht mehr erscheinen. Sohn selbst sah die koreanische Fahne zum ersten Mal in seinem Leben in der Berliner Wohnung eines Exilkoreaners in der Kantstraße: »Mein ganzer Körper zitterte wie unter Strom«, erinnerte er sich später.

Dieser Vorfall illustriert das Katz-und-Maus-Spiel, das sich koreanische Redaktionen und Verlage mit der staatlichen Zensur lieferten. In den koreanischsprachigen Medien konnte die Diskussion um die japanische Kolonialherrschaft bis zu einem gewissen Grad geführt werden, wenn auch immer wieder einzelne Passagen von der Zensur entfernt wurden, ehe sie das Publikum erreichten. Die Folgen für die Veröffentlichung von Meinungen, die die rote Linie überschritten – die explizite Forderung nach sofortiger Unabhängigkeit oder Kritik an der japanischen Monarchie – waren schwerwiegend, einschließlich Gefängnisstrafen, doch bis zur Kriegsmobilisierung ließ Japan in seiner Kolonie ein gewisses Maß an kultureller Autonomie zu, vielleicht in der irrigen Annahme, dass diese auf der politischen Front als Ventil wirken oder sogar zur Stärkung des zivilisatorischen Bündnisses zwischen Korea und Japan beitragen könnte. Eine Reihe von Romanen und Kurzgeschichten erschien in koreanischer Sprache, und die Intellektuellen betrieben »koreanische Studien«.

Wie viel von dieser Entwicklung Seo erreichte, ist unklar, denn sein Kontakt mit dem Heimatland beschränkte sich auf seine Freunde in der Exilregierung, die er über die chinesische Botschaft in Paris erreichte. Zwischen China und Japan herrschte Krieg, China war am 7. Juli 1937 von Japan überfallen worden, der eigentliche Beginn des Zweiten Weltkriegs. 1937 hatten Yeong-hae und Elisabeth geheiratet, und Seo hatte am Schriftstellerkongress in Spanien teilgenommen. Während des Zweiten Japanisch-Chinesischen Krieges beschleunigte Japan den Ausbau der koreanischen Schwerindustrie und intensivierte seine immer aggressiver werdende Assimilationspolitik. Durch den Export aller entbehrlichen Nahrungsmittel und Rohstoffe nach Japan geriet Korea an den Rand des wirtschaftlichen Ruins. Ab 1938 wurden Hunderttausende junge Leute im Nationalen Arbeitsdienst organisiert, die im gesamten Gebiet des Japanischen Kaiserreichs in Bergwerken und Fabriken die für den Militärdienst benötigten japanischen Männer ersetzen mussten. Dort wurden die Zwangsarbeiterinnen und -arbeiter in ihrer geringen Freizeit gezwungen, Shintō-Schreine zu besuchen und für den Erfolg der geheiligten Mission Japans in Asien und für den Sieg über China zu beten.

Zehntausende junge Koreanerinnen wurden als sogenannte »Trostfrauen« zusammengetrieben, um den japanischen Soldaten an den Fronten des rasch wachsenden japanischen Reiches in Soldatenbordellen »Trost« zu spenden. Wie die koreanischen Arbeiterinnen und Arbeiter wurden sie mit ökonomischen Versprechungen gelockt, entführt oder auf andere Weise gezwungen. Aus Scham angesichts ihrer traumatischen Erfahrungen mit sexualisierter Gewalt haben diese Frauen bis Ende der 1980er-Jahre geschwiegen, als sich Feministinnen in aller Welt endlich des Themas annahmen. Zu diesem Zeitpunkt waren viele bereits verstorben. Nur wenige hatten geheiratet und eine Familie gegründet.

An die Öffentlichkeit zu treten und vor großem Publikum über das Erlebte zu sprechen, war für die Handvoll alter Frauen, die es wagte, ein äußerst mutiger Schritt. 1992 begannen »Trostfrauen« und ihre Unterstützerinnen, jeden Mittwoch vor der japanischen Botschaft in Seoul mit den Worten zu protestieren: »Es ist die japanische Regierung, die sich schämen muss, nicht wir!« Am 1. Januar 1992 bat Premierminister Kiichi Miyazawa um Entschuldigung und wiederholte diese zwei Wochen darauf vor dem südkoreanischen Parlament. Doch am 1. März 2007 empörte Premierminister Shinzō Abe die Welt mit der Bemerkung: »Es gibt keinen Beweis dafür, dass Zwang auf Frauen ausgeübt wurde, wie es zunächst geheißen hatte.« Seit 2018 gilt der 14. August in Südkorea als nationaler Gedenktag für die »Trostfrauen«.

Die kulturelle Assimilationspolitik Japans erreichte ihren Höhepunkt, als an koreanischen Schulen nur noch Japanisch unterrichtet und ab 1938 der Gebrauch der koreanischen Sprache sogar im privaten Raum untersagt und durch ein Spitzelwesen kontrolliert wurde. Auch die koreanische Tracht wurde verboten. Das japanische Militär rekrutierte koreanische Männer für die Infanterie. Ab Februar 1940 begann man, koreanische Namen zu japanisieren, doch das auf sechs Monate angesetzte Vorhaben brachte nur kargen Erfolg. Erst als Lebensmittelkarten, Postzustellungen, die Vergabe von Arbeit und die Annahme von behördlichen Anträgen nur noch an Personen mit japanischen Namen erfolgten, gaben viele nach. Im August 1940 waren fast 80 Prozent der Bevölkerung mit japanischen Namen registriert. Generalgouverneur Minami Jirō erläuterte in einer Rede Japans Politik der totalen Assimilation: »Korea und Japan müssen eins werden in Gestalt, Geist, Blut und Fleisch.« Diese propagierte Einheit führte allerdings nie dazu, dass das Verbot von Eheschließungen zwischen Angehörigen der beiden Bevölkerungsgruppen aufgehoben wurde.

Die Verbitterung und das Misstrauen der koreanischen Bevölkerung Japan und japanischen Menschen gegenüber sollte die weitere Geschichte Koreas noch lange beherrschen. Doch eine nicht unerhebliche koreanische Minderheit folgte den Vorgaben der Besatzungsmacht. Es war jedoch eher Resignation als Kollaboration. Mit dem enormen Wachstum der industriellen Produktion wuchs auch der Umfang des koreanischen Industrieproletariats. Zu den Sektoren der frühen Industrialisierung wie der Textilproduktion und Lebensmittelindustrie kam das rasche Wachstum der Schwerindustrie für die Bedürfnisse des Krieges. Im letzten Kriegsjahr machte die Industrie fast 40 Prozent der wirtschaftlichen Gesamtleistung Koreas aus, das noch ein Jahrzehnt zuvor überwiegend ein Agrarland war. Von dieser bemerkenswerten Expansion profitierten jedoch nur wenige. Tausende machten sich des »Gedankenverbrechens« und der »Rebellion« schuldig und wurden als »unerwünschte Personen« verurteilt und ins Gefängnis geworfen. Der ökonomischen Ausbeutung dienten auch regelmäßige Veranstaltungen wie der um 1937 ins Leben gerufene »patriotische Tag« und der »Tag im Dienst des Aufstiegs Asiens«, die zwei Jahre darauf zusammengelegt wurden: Der erste Tag jeden Monats war der gemeinsamen Fron der koreanischen Bevölkerung für den Zweiten Weltkrieg gewidmet.

Im Ausland machten sich vor allem drei Unabhängigkeitskämpfer einen Namen: Syngman Rhee, der den Großteil seines Lebens in den USA verbrachte, Kim Gu und Kim Il Sung, die unter dem Banner des chinesischen Nationalismus beziehungsweise des chinesischen Kommunismus gegen den japanischen Imperialismus kämpften. Ab 1940 war Kim Gu der De-facto-Führer der koreanischen Exilregierung. Von seiner Operationsbasis in China aus bildete er sogar eine Armee der Nationalen Wiedergeburt mit Hunderten Soldaten, die bereit waren, die Halbinsel zu stürmen. Kim Il Sung operierte erst von der Mandschurei aus, dem von Japan besetzten Mandschukuo, zog sich aber 1940 mit anderen Partisaninnen und Partisanen wegen des verstärkten Drucks der japanischen Kolonialmacht in die Sowjetunion zurück.

In Frankreich herrscht nach der Kriegserklärung an das Deutsche Reich eine beklemmende Stimmung aus Angst und Verwirrung. Die Augusttage zu Beginn des Ersten Weltkriegs sind noch nicht vergessen, sodass man jetzt dankbar für die trügerische Ruhe ist, ohne die großen Verluste wie in den Jahren 1914 bis 1918. Die angebliche Uneinnehmbarkeit des Westwalls und der Maginot-

Linie führt zur Überzeugung, dass Offensiven sinnlos seien, und eine Lösung des Patts nur durch Wirtschaftsblockade und Propaganda zustande kommen könne. Gerüchte über Geheimverhandlungen machen die Runde, und die Soldaten gehen davon aus, demobilisiert zu werden, ohne einen Schuss abgegeben zu haben. Dies und mangelnde Beschäftigung führen zu Langeweile, Faulheit und Verwahrlosung in der Truppe. Die Armeestäbe halten Luxusbanketts ab, für die Pariser Meisterköche engagiert werden. Die Mobilmachung verläuft schleppend. Der Verwaltungsapparat arbeitet weiter wie im tiefsten Frieden. Landarbeiter beschweren sich darüber, »Kanonenfutter« der Armee zu sein, und fordern Sonderkonditionen für die Aussaat. In dieser Situation wird am 19. März 1940 Premierminister Daladier gestürzt. Seine Nachfolge tritt Paul Reynaud an, der als Verfechter des »Kriegs auf Leben und Tod« gilt.

Am 10. Mai 1940 fällt die Wehrmacht in den Niederlanden, Belgien und Luxemburg ein. Am 12. Mai erreichen die Deutschen die Maginot-Linie, umzingeln die französischen Divisionen und greifen aus der Luft und zu Land an. Am 3. Juni fliegt die deutsche Luftwaffe schwere Angriffe gegen französische Flugplätze und Flugzeugmotorenwerke im Raum Paris. In den frühen Morgenstunden beginnt die Schlacht um Frankreich. Deutsche Truppen durchbrechen die französische Linie südlich der Somme und an der unteren Aisne. Nach der Einnahme von Dünkirchen wird das französische Kabinett umgebildet. Unterstaatssekretär im Kriegsministerium wird General Charles de Gaulle.

Die französische Armee baut in manchen Straßen von Paris Barrikaden mit Sandsäcken, die nie benützt werden. Am 14. Juni fällt die Stadt. Die Wehrmacht marschiert durch menschenleere Straßen ein. Reynaud tritt zurück und flieht mit seinem Kabinett nach Tours. De Gaulle fliegt nach London, fordert die französische Bevölkerung über Radio auf, an der Seite der Alliierten für die Befreiung Frankreichs zu kämpfen, und gründet das Komitee »Freies Frankreich«.

Panikartig verlassen fast drei Millionen Menschen im Morgengrauen die Stadt Richtung Süden. Seo überlegt, nach Beauvais zu flüchten, wo er aus der Schulzeit Leute kennt, verwirft den Gedanken dann aber wieder. Als Korrespondent seiner Exilregierung ist er vor allem in Paris gefragt. Er verspricht seiner Nachbarin, auf ihre Wohnung zu achten. In der rue Malebranche sind alle Fensterläden fest verschlossen, kein einziger Lichtschein dringt nach draußen. In den Straßen herrscht hektische Betriebsamkeit. Frauen mit Kindern im Arm werfen einen letzten wehmütigen Blick zu ihrer Wohnung hinauf und fragen sich, ob sie sie jemals heil wiedersehen werden. Aber jetzt geht es nur noch darum, das nackte Leben zu retten.

Autobesitzerinnen und -besitzer beladen ihre Fahrzeuge mit allem, was ihnen im Augenblick lebenswichtig erscheint. Taxis haben Hochsaison, doch vielen fehlt das Benzin, egal wie viel man ihnen für eine Fuhr bietet. Wer ein Fahrrad besitzt, kann sich glücklich schätzen. Die Bahnhöfe quellen über. Die Ausfallsstraßen sind heillos mit Pkw, Lkw, Handwagen, Fahrrädern und Pferdefuhrwerken verstopft. Die Flüchtenden mischen sich mit entwaffneten, desorientierten französischen Soldaten auf dem Rückzug. Quer durch den Norden und den Osten Frankreichs wälzt sich eine gigantische Migrationswelle Richtung Süden. Am Himmel ist Flugzeuglärm zu hören. Sind es Feinde oder unsere Leute? Die Nächte sind sternenklar, ideal für feindliche Angriffe. Mit abgeblendeten Scheinwerfern bewegen sich die Autos im Schritttempo vorwärts.

Die Karawane schleppt sich weiter. Autos mit Pannen oder ohne Benzin bleiben liegen. Auf der Strecke gibt es keine freien Fremdenzimmer mehr, kein einziges Bett ist zu haben. Die Restaurants haben nichts mehr zum Essen anzubieten. Die Geschäfte sind leer. Die Leute schlafen, den Kopf auf das Gepäck gebettet, im Auto, auf dem Fußboden von Cafés, auf der Straße, im Bahnhof, in Kirchen. Sie schweigen, blicken nur ab und zu besorgt in den Himmel. Von Zeit zu Zeit durchbricht ein schrilles Lachen die Stille. Wenn ein Bahnhof bombardiert wird, bleiben Tote zurück – für die meisten die ersten Toten ihres Lebens. Wer Glück hat, kann sich in einen Zug zwängen und so ein Stück näher an den Bestimmungsort gelangen, nach Tours zum Beispiel, zu Verwandten und befreundeten Personen.

Zwei Wochen später sind viele wieder zurück in Paris, in einer halbleeren Stadt, in der äußerlich aber alles geblieben ist, wie sie es verlassen haben. Am 22. Juni unterschreibt Marschall Pétain einen Waffenstillstand mit den Deutschen. Sie werden den Nordteil Frankreichs, einschließlich Paris, und die Küstengebiete zum Atlantik kontrollieren, sechzig Prozent des französischen Territoriums; Pétain wird die »freie Zone« ab der südlichen Hauptstadt Vichy als Kollaborationsregime führen. Vom Kriegsrat der Vichy-Regierung wird de Gaulle im Juli in Abwesenheit zum Tod verurteilt. Der französische Staat wird dazu verpflichtet, die Kosten der Besatzung zu tragen. Etwa zwei Millionen französische Soldaten befinden sich in deutscher Kriegsgefangenschaft.

Paris ist nicht mehr französische Hauptstadt, sondern Sitz des deutschen Militärkommandos in Frankreich, was mit einer starken Präsenz deutscher Truppen und feindlicher Dienste verbunden ist. Der deutsche Militärbefehlshaber amtiert im Hôtel Majéstic in der avénue des Portugais. Überall sind Hakenkreuzfahnen und Hinweistafeln in deutscher Sprache zu sehen. Über der Fassade der Chambre des Députés im Palais Bourbon prangt in der Apsis ein riesiges V und quer über das Gebäude ein Transparent mit der Inschrift »Deutschland siegt an allen Fronten«. Wehrmachtsangehörige genießen freie Fahrt in der Métro und fahren erster Klasse. Schon bald werden an Restaurants zweisprachige Tafeln angebracht: »In diesem Lokal sind Juden unerwünscht! Rein arischer Betrieb.« Die Bevölkerung wird zur Denunziation aufgefordert. Viele machen davon Gebrauch, manche aus Überzeugung, manche aus Rache an Menschen in der Nachbarschaft, manche aus Opportunismus.

Einen Tag nach Unterzeichnung des Waffenstillstands erfüllt sich für Hitler am frühen Morgen des 23. Juni einen Lebenstraum: Mit seiner Entourage besucht er Paris und lässt sich mit dem Eiffelturm im Hintergrund ablichten. Die Stadt von oben sehen kann er nicht, denn der Betrieb des Aufzugs wurde von der Stadtverwaltung eingestellt. Es ist ein zweistündiger touristischer Spaziergang durch eine schon allein wegen der Uhrzeit ausgestorbene Stadt. Das Datum des rätselhaften Blitzbesuchs des »Führers« ist bis heute umstritten: Albert Speer behauptet, er habe nicht am 23., sondern am 28. Juni stattgefunden.

Für die *Berliner Illustrierte Zeitung* reist Gerhard Gronefeld im Sommer 1940 nach Paris. Seine Fotos von deutschen Soldaten, Wehrmachtshelferinnen und französischen »Mademoiselles« prägten in Deutschland nachhaltig die Vorstellung von einem unbeschwerten Soldatenleben in Frankreich.

Mit der Besetzung von Paris durch die Deutschen engte sich Seos Handlungsfähigkeit erheblich ein. Am 2. Juli 1940 berichtete ihm Jo So-ang, dass sich die drei rivalisierenden Gruppierungen in der Provisorischen Regierung geeinigt hätten und eine Unabhängigkeitspartei und eine Armee gründen wollten. Die Zusammenarbeit mit China sei gut. Der Brief endet mit der Bitte um detaillierte Informationen.

Am 20. Juli 1940 analysierte Seo für Jo So-ang die Situation in Europa:

> Wenn man ins Innere dieses Krieges schaut, sind sie allesamt Diebe, die Briten ebenso wie die Franzosen, die Deutschen und die Italiener. Es ist egal, welches Team am Ende gewinnt. Ihr Ziel ist der Sturz Sowjetrusslands.

Da Sowjetrussland politisch, ideologisch, wirtschaftlich und geografisch der Feind Japans sei,

> [...] müssen wir der Sowjetunion die Hand reichen und unsere Freundschaft vertiefen. [...] Wer immer am Ende den Krieg gewinnt, es wird in der ganzen Welt große Verwerfungen geben, und ich hoffe, dass Japan und die Vereinigten Staaten gegeneinander Krieg führen und der Kapitalismus und der Imperialismus gleichzeitig zu Fall gebracht werden. [...] Bitte verstehen Sie, dass ich viel zu tun habe und keinen langen Brief schreiben kann.

Dieser Brief kam als unzustellbar zurück und wurde von Seo erneut versendet, zusammen mit einer Zusammenfassung seiner Lage:

> Lieber Jo So-ang, der beigelegte Brief wurde am 20. Juli an Sie abgeschickt und kam einen Monat später zurück. Ich bin in Paris, in der besetzten Zone, und nachdem ich erfuhr, dass man von der unbesetzten Zone aus Post verschicken kann, werde ich versuchen, Ihnen diesen Brief durch eine Person, die sich dorthin begibt, erneut zu schicken, frage mich aber, ob er Sie erreichen wird.

> Es ist wahrscheinlich, dass der deutsch-englische Krieg in einem oder zwei Jahren zu Ende ist. Die revolutionäre Bewegung der französischen Linken hat mit ihrer Untergrundtätigkeit begonnen.

Am 1. August 1940 erschien mit fünfmonatiger Verspätung ein Artikel aus Anlass des Jahrestags des Aufstands vom 1. März 1919 in der amerikanischen Wochenzeitung *Sinhan Minbo* (*The New Korea*), der Seos Brief vom 20. Juli vorwegnimmt. Es ist ein dringender Aufruf zur Einheit der rivalisierenden Fraktionen innerhalb der Unabhängigkeitsbewegung. Ebenso dringend sei die Anerkennung der Provisorischen Regierung durch China und die Propagierung der Anliegen der Koreanischen Exilregierung in aller Welt.

> An meine revolutionären Kameraden! Vor 30 Jahren haben wir unser Land verloren und leiden unter der eisernen Faust Japans. Wenn unsere Nation noch nicht tot ist, dann werden wir es mit Hilfe der Unabhängigkeitsbewegung in aller Welt beweisen. Wie sehr wir durch die Fraktionskämpfe seit dem 1. März gescheitert sind, erklärt sich mit unserem Mangel an revolutionärer Erfahrung und politischer Bildung. Wir wissen nicht, wie wir uns geschlossen dem Feind entgegenstellen können! Angesichts unserer Schwäche haben wir uns immer an der internationalen Tendenz orientiert und voller Ungeduld den antijapanischen Krieg in China erwartet. Im vierten Kriegsjahr lässt dieser ja bereits die Niederlage Japans erwarten. Außerdem ist der gegenwärtige Krieg in Europa, der große internationale Veränderungen auslösen wird, eine riesige Chance für uns. Doch immer noch bekämpfen sich auf chinesischem Boden verschiedene politische Fraktionen. Haben wir erst einmal unser Land, dann werden Ideologien und Parteien einen Sinn haben, doch bis es so weit ist, müssen wir unsere Streitigkeiten beilegen.
>
> Es ist an diesem Tag kaum nötig, zu betonen, dass wir mit der Waffe in der Hand mit unseren chinesischen Kameraden kämpfen müssen und eine zentrale Organisation und Führung benötigen. Wir müssen vor allem eiligst unsere Provisorische Regierung vereinheitlichen und ihre Anerkennung von der chinesi-

schen Regierung erreichen. Gleichzeitig müssen wir in aller Welt verbreiten, dass es unsere Regierung gibt.

Außerdem brauchen wir eine Presseagentur, die unser großes Unterfangen bündelt. Unsere Propagandatätigkeit und Diplomatie sind ebenso wichtig wie die Selbstlosigkeit unserer Kameraden, die im Ausland kämpfen.

(L'Agence Korea, 1. März 1940)

Mit seinem letzten Brief an Jo So-ang brach am 15. Oktober 1940 Seos Verbindung zur Provisorischen Regierung ab. Der Brief wurde dem Empfänger durch den chinesischen Militärarzt Lee jae-gu übergeben, der nach Chongqing flog. Wir zitieren ihn in Auszügen:

Wenn Lee jae-gu Ihnen diesen Brief übergibt, seien Sie bitte nett zu ihm. Er ist in Europa aufgewachsen und weiß wenig über China. Aber er kann ausgezeichnet Französisch und kennt sich in der französischen Literatur aus. [...] Hier würgen die Franzosen, die zu den Deutschen übergelaufen sind, jede Form von Widerstand ab. Doch am Ende des Krieges wird die Französische Revolution wieder neu erwachen. [...] Deutschland und Italien befürchten vor allem, dass die Sowjetunion mit Großbritannien und den USA zusammenarbeitet. In der Tat versuchen die Briten jetzt, die Gunst der Sowjetunion zu gewinnen und die USA zu einem Handschlag mit ihr zu überreden. Wenn dies geschieht, werden sie wohl nicht in der Lage sein, sich direkt in den europäischen Krieg einzumischen. Wenn doch, dann wird der chinesisch-japanische Krieg gleichzeitig mit dem europäischen Krieg enden. Lassen Sie mich wissen, wie Sie dazu stehen. Paris ist ein von Deutschland besetztes Gebiet, was die Kommunikation erschwert. Bitte zögern Sie nicht, mir über die chinesische Botschaft in Frankreich zu antworten.

Anfang 1941 wurde Seo verhaftet und verbüßte eine sechsmonatige Gefängnisstrafe. Wir wissen, dass er wie viele chinesische und französische Menschen, die mit koreanischen Staatsbürgerinnen und Staatsbürgern in Kontakt standen, auf Geheiß der japanischen Botschaft von der französischen Polizei beobachtet wurde, weil er mit pazifistischen, antifaschistischen und antikolonialen Organisationen zusammenarbeitete.

Die Rassenideologie der Nazis war widersprüchlich. Zwar wurden Asiatinnen und Asiaten nicht offiziell erwähnt, doch nahm der kulturelle und persönliche Kontakt mit Asien, selbst zwischen Deutschland und dem verbündeten Japan, in den 1930er Jahren stark ab. Während des Krieges verschlechterte sich das Klima. 1941 wurden Ehen zwischen chinesischen und deutschen Staatsangehörigen für ungültig erklärt. Menschen mit chinesischer Staatsbürgerschaft wurden von der Gestapo verhört, und wie im Fall von Seos Freund Lai Tze Sheng verhaftet und in Konzentrationslager verschleppt. Angehörige der japanischen »Rasse« hingegen genossen den Status von »Ehrenariern«, wobei zwischen Personen aus Japan und Korea nicht unterschieden wurde. Das galt natürlich nur für jene, die kollaborierten und sich nicht antifaschistisch betätigten. In Deutschland gab es nicht wenige koreanische Staatsangehörige, die unter dem Dach und Schutz des Dreimächte-Abkommens zu Nazi-Ehren gelangten und sich eines luxuriösen Lebensstils erfreuen durften. Sie arbeiteten für japanische Interessen beziehungsweise unterschieden nicht zwischen Korea und Japan. »Die Berliner Koreaner zeigen, wie international das NS-Regime tatsächlich bis zum Ende war, indem es andere Europäer, Asiaten und alle anlockte, die bereit waren, innerhalb und außerhalb des Reichs zu kooperieren«, schreibt der Koreanist Frank Hoffmann in seiner Studie über Koreanerinnen und Koreaner in Berlin.

Es versteht sich von selbst, dass Seo aus anderem Holz geschnitzt war. Schon am 23. November 1936 wurde ein Polizeibericht über ihn an die Renseignements Géneraux (RG) und an den Polizeipräfekten gesandt. Die 1907 geschaffenen RG hatten zum Ziel, die Regierung über staatsfeindliche Aktivitäten zu informieren. Der RG-Bericht erwähnt die Mitarbeit des »chinesischen Reporters« in der von dem prokommunistischen Schriftsteller Romain Rolland mitgegründeten Zeitschrift *L'Europe,* die sich für eine Verständigung zwischen Frankreich und Deutschland einsetzte, und in *Monde*, einer Literaturzeitschrift, in der Berühmtheiten wie Albert Einstein, Maxim Gorki, Louis Aragon und Pablo Picasso publizierten. Wie viele von ihnen war auch Seo Mitglied des Komitees gegen Krieg und Faschismus. Da Frankreich zu jener Zeit Kolonialmacht über große Territorien war, beobachtete es die Aktivitäten des koreanischen Exils auf seinem Territorium mit Argusaugen. Der Polizeibericht erwähnt auch Seos Mitarbeit in der Tageszeitung *Bough Ibba*, in *The New Korea* und in der *Revue Egyptienne*.

Über Seos Haft, dessen Leitsatz »Die Feder ist mächtiger als das Schwert« war, wissen wir nichts. Über seine Tätigkeit in der Résistance ebenso wenig, was nicht verwundert, weil man in der Résistance Codenamen verwendete. Wir wissen nur, dass er ab Ende 1944 erneut mit der Provisorischen Regierung Kontakt aufnehmen konnte. Gewiss hatte die Exilregierung in China keine Nachricht über seine Inhaftierung.

Am 21. November 1944 traf Jo So-ang mit M. Clarac, dem Vertreter der französischen Regierung in China, zusammen und erkundigte sich nach der Lage koreanischer Staatsangehöriger in Frankreich, denn die Provisorische Regierung habe seit der Besetzung Frankreichs durch Deutschland kaum Informationen über sie. Namentlich das Schicksal von Seo Yeong-hae liege ihm am Herzen. Jo So-ang gab M. Clarac Seos Pariser Adresse und informierte ihn, dass die Provisorische Regierung die Absicht habe, Seo Yeong-hae mit der Vertretung der Interessen Koreas in Frankreich zu beauftragen.

Sollte Seo in Gestapo-Haft gewesen sein, was wir nicht annehmen, dann wäre die Aktenlage prekär. Die interessantesten Gestapo-Akten aus der Zeit der deutschen Okkupation sind verschwunden. Schon vor der Landung der Alliierten im Juni 1944 verlangte die Gestapo Berlin die Repatriierung der Akten von »gefährlichen Mitgliedern des Widerstands« nach Deutschland. Darunter verstanden die Deutschen vor allem Scharfschützen, Partisaninnen und Partisanen, Kommunistinnen und Kommunisten sowie Personen des Geheim- und Nachrichtendienstes, also wohl kaum einen wie Seo. Im August 1944 wurde beim Abzug der Deutschen aus Frankreich ein weiterer Teil vernichtet. Im Februar 1945 fiel bei der Bombardierung Berlins ein Großteil der Pariser Gestapo-Akten den Flammen zum Opfer. Und bei der Befreiung begaben sich einzelne Gruppen des militärischen Zweigs der Résistance an die strategischen Orte, traten die Türen ein und nahmen Dokumente in Gewahrsam. Als die Polizei eintraf, gab es auch in der Abteilung für Kollaboration nichts mehr zu finden. Auch in den Räumlichkeiten der Carlingue in der rue Lauriston 93, die man die französische Gestapo nannte, wurden sämtliche Akten verwüstet, insbesondere jene der Mitarbeiterinnen und Mitarbeiter.

Der Winter 1940/41 ist ungewöhnlich kalt. Schon Ende November setzen Kälte und Schnee ein. In der besetzten Zone kaufen die Leute mit Lebensmittelmarken ein und haben Hunger. Das gesamte Leben dreht sich nur noch ums Essen. Vor den Läden für Lebensmittel und Kohle stehen Schlangen. Wein und Tabak sind rationiert. Die britische Blockade verhindert, dass Weizen, Obst, Zucker, Kaffee, Reis und dergleichen aus den Kolonien in die Stadt gelangen. Zucker und Kaffee werden durch Ersatzstoffe ersetzt. Millionen sind arbeitslos. Die Preise schießen in die Höhe, die Löhne sinken. Die sozialen Errungenschaften von 1936 sind außer Kraft gesetzt. Die Gewerkschaften, deren führende Köpfe überwiegend in die »Freie Zone« geflüchtet sind, wagen keinen Protest. In den Zeitungen ist die wichtigste Rubrik jene, die gastronomische Ratschläge erteilt, denn es erfordert viel Kreativität, um aus Steckrüben und Roten Rüben ein Festmahl zu bereiten. Das Wort der Stunde lautet »Schwarzmarkt«. Die Schwarzhändler haben Hochsaison und stauben ordentlich ab. Der Preis von Gold erreicht schwindelerregende Höhen. Während die französische Bevölkerung die Besatzer in Feldgrau zu Beginn noch, ohne zu murren, ertrug, werden sie jetzt als drückende Last erlebt. Diejenigen, die nicht jüdisch, kommunistisch oder Freimaurer sind und sich nie mit Politik befasst haben, denken nur an eins: sich kleiden, warmhalten und ernähren. In den Cafés und Restaurants lässt es sich nach wie vor fein speisen, wenn auch zu verrückten Preisen. Dort findet man überwiegend wohlhabende, reife Männer, die vom Krieg unberührt sind. Die anderen tauschen Informationen über Tote und Kriegsgefangene aus. Benzin gibt es kaum, sodass auch jene, die ein Auto besitzen, die Metro benützen. In der Nacht ist Verdunkelung vorgeschrieben. Die wenigen Autos fahren mit blau gestrichenen Scheinwerfern, was die Straßen in ein gespenstisch fahles Licht taucht. Die Wohnungen sind eiskalt. In den armen Familien bleiben Alte und Kinder wochenlang im Bett. Aufwärmen kann man sich nur in den Gängen der Metro. Junge Französinnen und Franzosen werden zur Zwangsarbeit im Deutschen Reich rekrutiert. Andere tauchen in den politischen Untergrund ab. Nach dem deutschen Überfall auf die Sowjetunion am 22. Juni 1941 nehmen Attentate und Sabotageakte zu. Die jüdische Bevölkerung duckt sich oder versucht zu entkommen, in die »freie Zone« und von dort nach Amerika. Ausländische oder staatenlose Jüdinnen und Juden haben es besonders schwer, da sie als Erste von Frankreich an Deutschland ausgeliefert werden.

In Seo Yeong-haes Nachlass finden sich einige Briefe an und von Lai Tze Sheng, über den nur bekannt ist, dass er ein Chinese aus Kanton war und am 13. März 1907 geboren wurde. Die handschriftliche Korrespondenz auf Französisch lässt vermuten, dass die beiden Freunde waren. Am 18. März 1942 teilt Lai Tze Sheng Seo mit, dass er am 9. März am Abend auf die Polizeipräfektur gebracht wurde und im Gefängnis der Conciergerie festgehalten werde. Er schreibt:

> Gesundheitlich fühle ich mich zunehmend schwach. Da ich keine Verwandten in Paris habe, habe ich keine andere Möglichkeit, als Sie zu bitten, entsprechende Schritte zu meiner Befreiung zu unternehmen und mir für meine Verteidigung einen Rechtsanwalt zu finden. Ich wäre auch sehr froh, Lebensmittelpakete zu erhalten. Ich danke Ihnen im Voraus.

Am 25. März beruhigt ihn Seo, dass man der französischen Justiz vertrauen könne, Lai bestimmt bald freikommen werde, und nennt ihm den Namen eines Anwalts, der sich um ihn kümmern werde. Doch bis zum 10. April hat Lai Tze Sheng nichts von diesem gehört. Er wird ungeduldig und bittet Seo, den Anwalt persönlich aufzusuchen. Nach 33 Tagen Haft sei seine Gesundheit stark angegriffen. Ein französischer Polizeibericht vom 1. Juli 1944 hält fest, Lai Tze Sheng sei bis 14. April in Untersuchungshaft gewesen und danach in das Gefängnis Cherche-Midi überstellt worden, einem französischen Militärgefängnis, das zwischen 1940 und 1944 den Besatzungskräften diente und auch als Sammelstelle für französische Jüdinnen und Juden vor deren Abtransport in die Todeslager fungierte. Am 3. Oktober 1942 habe das Pariser Quaker-Zentrum Lai Tze Sheng als einen Gefangenen des Geheimdienstes in Fort de Romainville aufgespürt, einem französisches Internierungslager, das von den Deutschen für Angehörige des Widerstands gegen die Nazis verwendet wurde und – wie Drancy – eines der wichtigsten Transitlager in die Konzentrationslager war. Vermutlich hat Seo nach ihm suchen lassen. Wahrscheinlich, so der handschriftliche Polizeibericht weiter, sei Lai Tze Sheng bis Ende April 1943 dort verblieben. Am 20. Mai 1943 habe eine Dame vom Internationalen Roten Kreuz die Polizei informiert, dass Lai Tze Sheng unter der Nummer 14-263 in das Stalag 122 nach Compiègne transferiert worden sei, einem Lager, in dem mehr als 50.000 Nazigegnerinnen und -gegner, aber auch ausländische und jüdische Personen interniert und von dort in die Konzentrations- und Vernichtungslager deportiert wurden.

Am 7. Mai 1945 schließlich meldet sich Lai Tze Sheng als Häftling Nr. 74362 aus Block 17, Lager Dachau, das er als »veritable Hölle« bezeichnet. Er schreibt an seine Freunde Ring Hai und andere, deren Namen unleserlich sind, dass er am 29. April von den Amerikanern befreit worden sei und sich nun in Quarantäne befinde. Er bittet sie, sich bei den amerikanischen Behörden in Paris für ihn zu verwenden, damit er so bald wie möglich nach Paris zurückkehren könne. »Welche Freude, bald wieder unter euch zu sein! Ich hoffe auf Nachricht und bitte euch, alle meine Freunde zu grüßen.« Dieses Glück wurde ihm nicht zuteil. Er starb am 22. Mai 1945, vermutlich noch in Dachau. Er wurde 38 Jahre alt.

Seo Yeong-hae blieb ein solches Schicksal erspart, vielleicht weil er trotz seines chinesischen Passes als Koreaner »Ehrenarier« war. Über seine politischen Aktivitäten während des Krieges wissen wir nichts. Es versteht sich von selbst, dass er klandestin operieren musste. Bis Oktober 1940 blieb er über die chinesische Botschaft mit Kim Gu und Jo So-ang von der Provisorischen Regierung mit Sitz in Chongqing in brieflicher Verbindung. Am 9. Dezember 1941 erklärte die Provisorische Regierung Japan und Deutschland den Krieg, und die Einheiten der Koreanischen Befreiungsarmee kämpften auf Seiten der Alliierten auf chinesischen und südostasiatischen Kriegsschauplätzen.

Seo Yeong-hae

Über Seos Freundschaften und politische Kontakte in Frankreich wissen wir nichts. In seinem Nachlass finden sich Fotos von ihm, umringt von verschiedenen europäischen Personen, darunter auch Frauen. Es gibt auch ein Foto einer schönen blonden Frau. War sie seine Freundin? Wir wissen es nicht.

Was sich in seinem Nachlass findet, ist ein Mitgliedsausweis: 1944/1945 war er Mitglied in einem Jiu-Jitsu-Club – Jiu-Jitsu, die sanfte Technik – und am 15. März 1945 erhielt er den blauen Gurt. Diese von den japanischen Samurai stammende Kampfkunst der waffenlosen Selbstverteidigung passt gut zu Seos pazifistischer Einstellung. Jiu-Jitsu soll ein breites Spektrum von Möglichkeiten zur Selbstverteidigung bieten und – unter anderem durch Stärkung des Charakters und des Selbstbewusstseins – auch zur friedlichen Lösung von Konflikten beitragen.

Elizza, Künstlerin

Während es uns gelungen ist, uns ein ungefähres Bild von Suzies Großvater, Seo Yeong-hae, zu machen, bleibt uns Suzies Großmutter, Elizza Wong, in weiten Strecken ein Rätsel, auch wenn Suzie ihr dreimal begegnet ist und wir mit mehreren Personen sprechen konnten, die sie kannten.

Das erste Mal traf Suzie Wong ihre Großmutter Mitte der 1990er im Wasserturm am Wienerberg bei einer Ausstellungseröffnung ihres Lebensgefährten Leopold Schersch, der sich Leos Montrée und später Acqua Acqua nannte. Dort stellte Elizza Suzie als »junge Restauratorin« vor und verschwieg ihre verwandtschaftliche Beziehung. »Ihre Freundinnen wirkten auf mich irgendwie adelig«, erinnert sich Suzie, »und für mich damals uralt. Alle waren neugierig auf mich.« In einem Gespräch mit einer der Damen stellte Suzie immerhin richtig, dass sie Elizzas Enkelin sei.

Suzie war von ihrer Großmutter beeindruckt: »Sie war eine ältere Dame, hatte feuerrote, halblange Haare und trug einen giftgrünen Blazer und einen ebenso giftgrünen Rock. Sie war eine ziemlich auffallende Persönlichkeit mit einem sarkastischen Humor.« Suzie sah sich die Bilder von Acqua Acqua an, denen sie nichts abgewinnen konnte, und hat dort nicht viel mit ihr gesprochen.

Das zweite Mal traf sie ihre Großmutter in einem Restaurant im Stadtzentrum von Wien. Suzie wollte mit ihr über Elizzas Vater, Karl Bräuer, sprechen, über den sie eine Diplomarbeit schrieb. Sie kam mit zwei Ordnern im Arm an, während Elizza nur ein Foto von Karl Bräuers Geburtshaus mitbrachte, dem seinerzeitigen Sitz der Glasmalerei der Firma Carl Geyling's Erben. Elizza erzählte ihrer Enkelin kaum etwas über den Vater, dafür umso mehr über ihre Mutter. Grundsätzlich war sie der Meinung, Suzie solle ihre Diplomarbeit über sie, Elizza, schreiben. Die einzige Geschichte, die Suzie über Bräuer erfuhr, war, dass er ohnmächtig wurde, als Leopold Schersch ihn einmal zur Fußpflege begleitete.

Fasziniert war Suzie davon, wie sehr Stefan seiner Mutter ähnelte: derselbe sarkastische Humor, dieselbe Mimik, dieselbe Gestik – nur weiblich und älter. Suzie war damals eine junge Studentin und hatte ziemlichen Respekt vor Elizza, die sie nicht »Oma« oder »Großmutter« nennen durfte. Doch Elizzas Anwürfe gegen ihren Sohn Stefan, Suzies Vater, führten bei Suzie zu einer Abwehrhaltung und inneren Distanz, die von Stefans Erzählungen aus seiner Kindheit weiter genährt wurden.

Ein letztes Mal traf Suzie Elizza in deren Wohnung in der Sechshauserstraße, wo sie im Esszimmer Platz nehmen durfte. Elizza hatte gekocht, aber Suzie kann sich nicht erinnern, was ihr vorgesetzt wurde und wie es schmeckte. Freundinnen und Freunde erzählen, dass sie gern chinesisch kochte. Bei Tisch fand das Gespräch zwischen Leos und Elizza, beide durchaus der deutschen Sprache mächtig, auf Französisch statt. Suzie hatte den Eindruck, im Theater zu sitzen. Die Küche durfte sie auf keinen Fall betreten.

> Elizza vermittelte den Eindruck, dass sie von mir nicht in der Küche gesehen werden wollte. Heute denke ich mir, dass der Zustand der Küche schrecklich war oder dass sie sich das Essen liefern ließ und die Verpackungen noch herumstanden.

Im Gespräch erkundigte sich Suzie nach der Raumaufteilung in der Wohnung, schließlich hatten Karl Bräuer, Stefan, Elizza und die Köchin Anna dort im gemeinsamen Haushalt gelebt. Elizzas Antworten fielen knapp aus, sie könne sich nicht erinnern. Es gelang Suzie nicht, die ganze Wohnung zu sehen, in der sich nach Aussage von Freundinnen und Freunden eine Menge wertvoller Kunstgegenstände befanden. Nach dem Essen nahmen sie im Atelier Platz, das als Wohnzimmer diente, und Leos kam wie ein Nummerngirl mit immer neuen Bildern von Elizza angelaufen. Erst später begriff Suzie, dass ihre Großmutter ihr ein Bild verkaufen wollte. Auf die Idee, ihrer Enkeltochter eines zu schenken, kam sie nicht. »Die Bilder haben mir gefallen, aber genau erinnere ich mich nicht. Es war für mich eine Zwangssituation.«

Mehr als für die Bilder interessierte sich Suzie für die Einrichtung des Ateliers und die Skulpturensammlung, kleinere und größere Metallfiguren von verschiedenen Künstlerinnen und Künstlern. Im Nachhinein fand es Suzie aufschlussreich, dass Elizza der Enkelin nicht ihr Leben und ihre künstlerische Arbeit näherbringen wollte, sondern die Zusammenkunft als Gelegenheit sah, ihr ein Bild zu verkaufen. »Ich kann mich nur dunkel erinnern, dass ich froh war, wieder aus der Wohnung draußen zu sein.«

Nach diesem Treffen telefonierte Suzie noch einige Male mit Elizza, verlor aber dann das Interesse. Über Karl Bräuer erfuhr sie nichts und musste sich nur Ärgerliches über ihren Vater anhören.

»Für mich war sie eine Hexe«, sagt Lev Menaše, ein pensionierter Kurator und Kunstkritiker im März 2019 in einem lärmenden Café in Ljubljana, der Hauptstadt Sloweniens. »Sie war nicht von dieser Welt. Und so verhielt sie sich auch. Ich mochte sie. Sie war eine außerordentliche Person. Ihr Haar war besonders, orange, und sie trug immer dickes Makeup.« »Ja«, pflichtet ihm seine Frau bei,

> sie benahm sich so, als wäre sie der Mittelpunkt der Welt. Und das war sie auch. Jeder, der sie auch nur einmal sah, konnte sie nicht vergessen. Man brauchte nur ihren Namen zu erwähnen: »Ja, klar! Das war diese schrille Dame.«

Alle, die sie kannten, haben ähnliche Erinnerungen:
»Sie war eine sehr interessante Frau.«
»Auf den Fotos kann man ihre wahre Ausstrahlung nicht erkennen. Man musste sehen, wie sie sich bewegte.«
»Sie war sehr elegant gekleidet, trug ein rotes Kleid und viel Schmuck.«
»Sie schaute den Leuten direkt in die Augen.«
»Sie war eine junge Seele.«
»Sie war so voller Energie und Leben.«
»Wir dachten niemals, dass sie so bald sterben würde. Wir wussten nicht, dass sie schon über neunzig war. Sie war zeitlos.«
»Sie war eine sehr dominante Person.«
»Sie war immer anders angezogen als die anderen, elegant, und dann diese roten Haare!«
»Sie war immer fröhlich.«
»Sie hatte viel Humor, einen bösen Humor.«

»Sie war eine Persönlichkeit.«
»Langweilig war einem mit ihr nie.«
»Schön war sie nicht, sie hatte große Augen, einen großen Mund, eine große Nase, aber sie hat hübsch gewirkt.«
»Sie hat langsam gesprochen, ausdrucksvoll.«
»Strahlend, selbstbewusst, humorvoll, herzlich, kommunikativ, extravagant.«
»Sie war temperamentvoll, aufgeweckt, immer lustig und heiter.«
»Sie war besessen von der Kunst, sie hat für die Kunst gelebt.«

Elizza Wongs künstlerischer Werdegang ist in der Tat eindrucksvoll, auch wenn sich heute nur Spezialistinnen und Spezialisten an sie erinnern. Sie studierte an der Académie de la Grande Chaumière in Paris Malerei und in Wien an der Akademie der Künste Bühnenbild. Zeit ihres Lebens war Elizza von asiatischer Kunst fasziniert, und ihr chinesischer Name war ihr gewiss recht. Ihre wahren Lebensverhältnisse verstand sie in geheimnisvollen Nebel zu hüllen. Mal war Sik Ning Wong ein Arzt, der im Zuge der Revolution getötet wurde, mal erzählte sie von einem vietnamesischen Ehemann, nur der wahre Vater ihres Sohnes, der Koreaner Seo Yeong-hae, kam in ihren Erzählungen nicht vor. »Hinter dem exotischen Nachnamen Wong (ausgewählt nach persönlichem Willen und nicht ehelich vererbt)«, kann man im Ausstellungsfolder der Galerie Umetnost in Maribor aus dem Jahr 1989 lesen, »verbirgt sich die Künstlerin (Malerin, Essayistin, Fotografin) mit einem ausdrucksvoll sophistischen Charakter.«

Elizza Wong war eine Kosmopolitin, die es nie lange in ihrem Heimatland Österreich hielt. Erst studierte sie in Paris, in den 1950ern verbrachte sie zwei Jahre in Rom und entwarf dort unter anderem Kostüme für das Balletto d'Italia. Nur über die Zeit zwischen 1939 und 1945 ist nichts bekannt. Freunde wissen zu berichten, dass sie von Leni Riefenstahl begeistert war. Von ihren vielen Reisen schrieb sie Ansichtskarten an ihren Sohn – aus Spoleto, Bologna, Milano, Todi –, in denen sie ihn immer wieder auffordert, sie an ihrem jeweiligen Aufenthaltsort zu besuchen.

1960 eröffnet Elizza im italienischen Spoleto in einer umgebauten alten Kirche die Galerie Tao – chinesisch für »der Weg«.

Elizza Wong vor der Galerie Tao in Spoleto, 1961

Tao (oder Dao) steht für das grundsätzliche Prinzip des Werdens und Vergehens. Mit ihrer Galerie beteiligt sie sich jährlich am »Festival dei Due Mondi«, dem 1958 von Giancarlo Menotti in Spoleto ins Leben gerufenen »Festival zweier Welten«, das sich die Aufführung vergessener Opern und neuerer Werke zur Aufgabe machte. Dort stellt Elizza unter anderem 17 Werke ihres Freundes, des österreichischen Malers, Bildhauers und Bühnenbildners Hubert Aratym, aus.

In den 1960ern bewundert sie den italienischen Kunstbetrieb, der ihrer Meinung nach einer der aktivsten und modernsten Europas ist. Für sie ist Milano die Stadt, »die auf Dekorstoffe verzichtet«. Hochhäuser scheinen sie fasziniert zu haben. Im Oktober 1960 schreibt sie ihrem Sohn eine Ansichtskarte aus Mailand mit der Abbildung eines Hochhauses aus den 1950ern: »Alles ist möglich in dieser Stadt. Maman«, schreibt sie dazu. Auf einer weiteren Ansichtskare aus Mailand mit der Abbildung eines Hochhauses steht: »Das ist Architektur«.

1962 gründet Elizza die Wiener Galerie Tao mit dem Ziel, österreichische Künstlerinnen und Künstler zu fördern und sie mit ausländischen Kunstschaffenden, insbesondere aus dem asiatischen Raum, in Kontakt zu bringen. Die Galerie ist zuerst im Palais Palffy untergebracht und übersiedelt im Februar 1970 in das Österreichische Kulturzentrum im ehemaligen Palais Tedesco, Ecke Kärntner Straße/Mahlerstraße. Die Eröffnungsausstellung trägt den Titel »Fünf optische Wege«. Die »Art Center« genannte Galerie wird von dem konservativen Bundeskanzler Dr. Josef Klaus eröffnet und ist als Verkaufsgalerie gedacht. Österreichische Künstlerinnen und Künstler können dort kostenlos ausstellen. Das »Forum für kulturpolitische Begegnungen« wird vom Bund und von privaten Mäzeninnen und Mäzenen finanziert. Der mit Elizza Wong befreundete Architekt Dimitris Manikas hält die Galerie Tao für die damals beste und progressivste Galerie der Stadt.

1965 stellt Elizza den Maler Leopold Schersch aus, der sich später Acqua Acqua nennt, weil seine Bilder ausschließlich vom Wasser inspiriert sind. Dieses Jahr markiert den Anfang ihrer lebenslangen Liebesbeziehung zu dem mittellosen jungen Künstler im Alter ihres Sohnes, den sie seither nach Kräften fördert.

Am 19. September 1965 hat Stefan Geburtstag. Seine Mutter schickt ihm eine Karte aus Ljubljana, wieder mit einem Hochhaus: »Lieber Didi, zu Deinem Geburtstag ein Hoch und noch Höher wie der Wolkenkratzer; wünsche Dir Freude und frohen Sinn und dass Du einmal der Architekt von morgen bist; Bussi 1.000.000 Mami.«

Und wieder reist Elizza nach Italien, nach Tropea auf Sizilien, zum wiederholten Mal nach Rom, wo sie den Bildhauer Fritz Wotruba besucht, einen der bedeutendsten österreichischen Bildhauer des 20. Jahrhunderts, von der Villa Borghese schwärmt und nie wieder wegwill. Immer wieder beauftragt sie Stefan, etwas für sie zu erledigen, aufs Zollamt zu fahren oder ihren Vater zum Arzt zu bringen.

1977 wendet sich Elizza Wong der künstlerischen Fotografie zu. Sie nennt ihr Genre »kreative Fotografie«. Manche Kunstverständige sehen sie als eine der markantesten Künstlerpersönlichkeiten auf dem Gebiet der schöpferischen Fotografie. Im Vorfeld ihrer fotografischen Arbeiten stellt Elizza Figuren, Objekte und

Fotoarbeit von Elizza Wong, Modell Traude Manikas, Griechenland

Gesichter zusammen. Sie kommt von der Objektkunst und baut ihre Fotomotive aus Materialien, die sie am Strand findet. Dann entstehen farbige, zeichnerische Regieanweisungen. Ihren Anweisungen folgend, wird das Objekt – der Mensch – verfremdet, kostümiert, bemalt, verschleiert und anschließend fotografiert. Sie sagt, dass ihre Motive von Mythen der Antike geprägt sind, von den elementaren Kräften des Meeres, der Sonne und des Windes. In ihren Fotos baut sie eine archaische Dramatik auf. Ihre ersten fotografischen Arbeiten entstehen in Italien. Sie tragen Titel wie »Meeropfer«, »Kouros«, »Tod und Verwesung«. Oft dient ihr der Geliebte Leos als Modell. Er ist ein gutaussehender Mann, dessen Bewunderung ihr guttut. Als Künstler fördert sie ihn weit über seine eigentliche Begabung hinaus, kommandiert ihn aber auch herum. Manchmal nennt sie ihn »Mizzi«, und er sie »Muzerl«. Er hält ihr bis zu ihrem Tod die Treue. »Sie war gut für ihn, und er war gut für sie«, erinnert sich Traude Manikas, die Elizza bisweilen ebenfalls als Modell diente.

Nach dem Tod ihres Vaters verkauft Elizza sein Zinshaus in der Sechshauserstraße. Die Sammlung Bräuer verkauft sie an das Museum für angewandte Kunst. Mit dem Geld errichtet sie auf der griechischen Insel Ios neben einer kleinen Kirche auf einem Hügel ein überdimensioniertes Gebäude mit etwa 300 m^2 Wohnfläche und einer großen Terrasse. Elizza und Leos leben nun größtenteils auf Ios und sind dadurch vom Wiener Kulturbetrieb abgeschnitten. »In dieser Zeit hätten sie in Wien Bilder verkaufen können, aber sie hatten kein Geld und lebten auf Ios billiger«, erinnert sich Dimitris Manikas, der ebenfalls auf der Insel ein Haus hat. Elizzas Traum ist es, dort eine Dependance der Galleria Tao zu eröffnen, doch ihre Pläne lassen sich nicht verwirklichen, denn es gibt auf Ios keine reichen Touristinnen und Touristen, die ihre Kunst hätten kaufen können. Immerhin organisiert sie 1999 auf der Insel mit Unterstützung des Bürgermeisters ein großes Bildhauersymposium mit Teilnehmenden aus Spanien, Slowenien, Kroatien, Österreich und Griechenland.

1980 trifft Elizza als Galeristin mit der Grupa Junij zusammen, einer 1970 gegründeten Gruppe von vier, alle im Monat Juni geborenen, Künstlerinnen und Künstlern aus Ljubljana, der Hauptstadt Sloweniens, damals ein Teilstaat Jugoslawiens. Sie wird Mitglied der Gruppe, beteiligt sich mit ihren Werken an deren Ausstellungen in Ljubljana, Belgrad, Skopje und Sarajevo und bleibt ihr bis zur Auflösung 1985 und darüber hinaus freundschaftlich verbunden. 1980 entstehen große Fotozyklen wie »Hommage à Francis Bacon«, »Hommage à Giorgio de Chirico«, »Squelette de tête animal« sowie 11 Kopfreliquien, die sich heute im Archiv der Bibliothèque Nationale de Paris befinden.

Mit mehreren Mitgliedern der Grupa Junij verband Elizza eine tiefe Freundschaft. Um uns mit deren Hilfe ein genaueres Bild von Suzies Großmutter zu machen, fuhren wir im Frühjahr 2019 nach Ljubljana.

»In vieler Hinsicht war sie eine unmögliche Frau«, sagt der ehemalige Kurator Lev Menaše und lacht. »Aber ich mochte sie wirklich, weil sie so phantastisch war.« Dabei hätte er allen Grund gehabt, sie nicht zu mögen. Denn sie hasste jüdische Menschen, erinnern sich Menaše und seine Frau, und war sich nicht bewusst, dass sie sich in Anwesenheit des Juden Menaše besser hätte zurückhalten sollen. Irgendwann musste es ihr jemand gesteckt haben, denn danach blieben ihre abfälligen Bemerkungen über Jüdinnen und Juden aus. Doch Menaše scheint es Elizza nicht wirklich übel

Fotoarbeit vom Elizza Wong, o. T.

zu nehmen, zu sehr war er von ihr fasziniert. Sie war der Meinung, so Menaše, dass jüdische Menschen zu viel Macht hätten und sie als Künstlerin ausgrenzten. So würde viel Geld etwa an den Juden Hundertwasser gehen, der in ihrer Kindheit und Jugend im Haus ihres Vaters ein und aus gegangen war. Jüdinnen und Juden würden das Geld den falschen Kunstschaffenden zukommen lassen, meinte sie.

Menaše mochte nicht nur Elizzas schillernde Persönlichkeit, sondern auch ihre Kunst.

> Sie war eine ziemlich gute Künstlerin und in der Grupa Junij eine der besten. Da gab es keinen, der besser war als sie. Was sie tat, war technisch und kreativ perfekt. Was sie schuf, war frisch, nie wiederholte sie sich. Normalerweise beginnen Künstler sich zu wiederholen, wenn sie eine Formel gefunden haben, die ihnen Anerkennung bringt. Das hat sie nie getan. Wenn ich als Kurator eine Arbeit von ihr aussuchen wollte, wusste ich, dass sie mich immer wieder überraschen würde. Als Künstlerin war sie große Klasse, besser als Attersee.

»Den sie nicht leiden konnte«, warf Frau Menaše ein. »Ich verstehe, dass sie verbittert war«, versucht ihr Mann auch Elizzas Antisemitismus zu erklären, »weil sie in Wien und Österreich nicht genügend Anerkennung fand. Jeder Künstler weiß genau, wenn er wirklich gut ist. Und das war sie.«

Sie muss gewiss auch gewusst haben, dass ihr Geliebter Leos nicht gut war, aber, so Jana Menaše, sie habe ihn überzeugt, dass er es sei, um ihn glücklich zu machen. Wenn ihre Werke in einer Ausstellung gezeigt wurden, habe sie immer darauf bestanden, auch seine auszustellen. »Darüber war ich nicht glücklich, es wäre mir viel lieber gewesen, nur ihre Arbeiten zu zeigen. Leos ist durchschnittlich, und ›durchschnittlich‹ ist schlechter als ›schlecht‹«, urteilt der einstige Kurator Lev Menaše.

Wie allen ihren Freundinnen und Freunden schrieb Elizza den Menašes kurze kunstvoll gestaltete Briefchen in farbigen Blockbuchstaben, welche die Adressaten wohl an sie erinnern sollten, aber wenig Persönliches enthielten. Hier ein Brief an den Gründer der Grupa Junij Stane Jagodić:

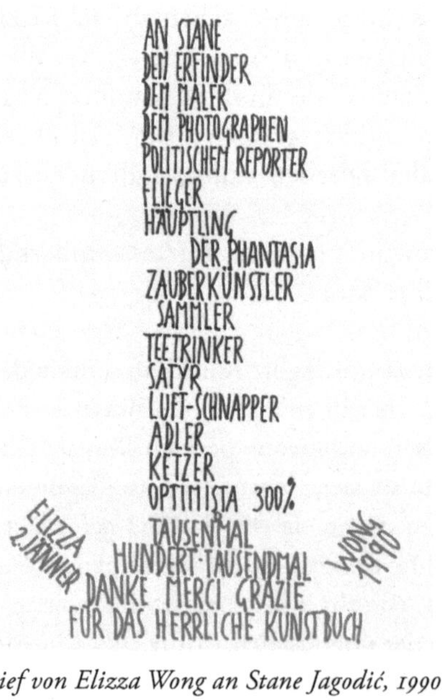
AN STANE
DEM ERFINDER
DEM MALER
DEM PHOTOGRAPHEN
POLITISCHEM REPORTER
FLIEGER
HÄUPTLING
DER PHANTASIA
ZAUBERKÜNSTLER
SAMMLER
TEETRINKER
SATYR
LUFT-SCHNAPPER
ADLER
KETZER
OPTIMISTA 300%
TAUSENDMAL
HUNDERT-TAUSENDMAL
DANKE MERCI GRAZIE
FÜR DAS HERRLICHE KUNSTBUCH
ELIZZA 2 JÄNNER
WONG 1990

Brief von Elizza Wong an Stane Jagodić, 1990

Dass Elizza einen Sohn hatte, erfuhr – mit Ausnahme einer Person – niemand in Ljubljana, auch nicht ihre besten Freundinnen. »Sie hat ihren Sohn verschwiegen«, meint Manikas, »weil ihr das unabhängige, jugendliche Leben wichtig war.« Als die ehemalige Kuratorin Marja Lorenčak sie nach dem Ursprung ihres Namens fragte, erfuhr sie, dass Elizza in Paris mit einem Vietnamesen verheiratet gewesen sei, der eine Art Diplomat war. Sie habe sich aber mit ihm gelangweilt, weil er nur über Politik und Diplomatie gesprochen habe, da habe sie sich von ihm getrennt. Ihre Schwangerschaft mit Stefan, die sie nach Wien mitnahm, erwähnte sie nicht. Diese Information kommt der Wahrheit wohl ziemlich nahe. Nur ihrer Freundin Marjana Kobe gegenüber erwähnte sie den Sohn, dessen Vater sie als Chinesen ausgab. Er sei aber nicht nett zu ihr gewesen, weshalb sie keinen Kontakt zu ihm habe.

Geld habe sie wenig gehabt, erinnert sich Lorenčak. Wenn sie in ein Restaurant gingen, habe sie nur einfache Speisen, etwa Kartoffeln und Salat, bestellt. Andererseits fiel dem Ehepaar Manikas auf, dass sie in Wien immer mit dem Taxi fuhr, anstatt die Straßenbahn zu benützen, obwohl sich deren Haltestelle vor ihrem Haus befand. Das sei sie so gewöhnt, sagte sie. Kinder schien Elizza nicht zu mögen. Als sie Marja nach Wien einlud, wollte diese ihren Sohn mitbringen. »Nein, komm lieber allein!«, habe Elizza gesagt. »Da war ich sehr traurig«, erinnert sich Lorenčak, »aber dann wurde mir klar, dass sie Kinder einfach nicht mochte.« Auch die Menašes hatten den Eindruck, dass Elizza ihre Tochter Sarah ablehnte.

Noch lange nachdem die Grupa Junij offiziell zu existieren aufhörte, hielt Elizza die Beziehung zu ihren slowenischen Künstlerfreundinnen und -freunden aufrecht – auch weil diese immer wieder Ausstellungen im ehemaligen Jugoslawien organisierten, in die sie Elizzas Werke aufnahmen. Marja Lorenčak glaubt, dass Elizza sich in erster Linie für sie interessiert habe, weil sie Kuratorin war. 1996 organisierte diese auch 100 km von Ljubljana entfernt auf der Burg Podsreda eine Gruppenausstellung mit Werken von Elizza Wong. Lev Menaše fuhr nach Wien, wählte die Werke aus und schrieb den Katalogtext.

Im Juli 2001 hatte Elizza einen Herzinfarkt. Sie saß mit Leos in einem Wirtshaus, und plötzlich fiel ihr der Kopf in den Teller.

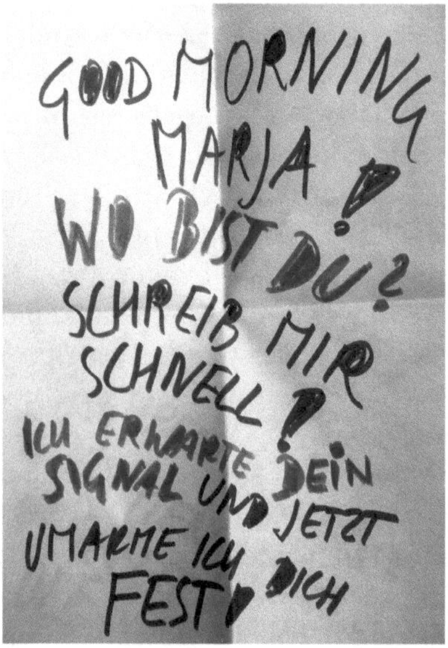

Brief von Elizza Wong an Marja Lorenčak

Sie wurde operiert und bekam einen Herzschrittmacher. Im selben Jahr entstand die Fotoarbeit mit dem Titel »Douleur«. Noch 2002 und 2003 wurden in Wien und St. Pölten Fotografien von Elizza Wong ausgestellt. Sie starb 2006 im Alter von 91 Jahren.

Ihre Werke befinden sich in Archiven in Wien, Paris, Skopje, Ljubljana, St. Pölten sowie in Privatsammlungen in Europa, Japan und den USA.

Heimkehr nach Korea

Am 15. Februar 1945 erhält Seo Yeong-hae einen Brief aus Washington von Syngman Rhee:

Lieber Herr Seu,

ich habe mich so über Ihre Postkarte gefreut, die mir aus Honolulu zugeschickt wurde und mich hier heute Morgen erreichte. Wir dachten die ganze Zeit an Sie, und ich habe Ihnen auch kürzlich einen Brief geschrieben, in der Hoffnung, Sie auf diesem Weg zu erreichen. Ich bin äußerst froh, wieder mit Ihnen Kontakt aufnehmen zu können.

Die Koreanische Provisorische Regierung operiert aus Chongqing. Wir haben uns um Anerkennung durch die Vereinten Nationen bemüht. Die Regierung der Vereinigten Staaten war sehr freundlich und hat uns Anerkennung und Hilfe versprochen, doch bis jetzt ist es nicht zu einer offiziellen Anerkennung gekommen.

Die chinesische Regierung ist die einzige Macht, die nicht nur den De-facto-Status unserer Regierung anerkannt hat, sondern auch unsere Regierung und die Volksarmee finanziell unterstützt. Derzeit sieht die chinesische Regierung die Gefahr des kommunistischen Einflusses und ist sehr bereit, uns de jure anzuerkennen, zögert aber noch wegen der unklaren Haltung der Vereinigten Staaten.

Jetzt, da sich der Krieg im Pazifik mit dem Sieg der Alliierten dem Ende zuneigt, scheinen die Vereinten Nationen sich der Notwendigkeit einer Kooperation mit der Koreanischen Regierung bewusst zu werden, und ich hoffe auf eine baldige formelle Anerkennung. In diesem Fall wird es Ihre Aufgabe sein, die Provisorische Regierung der Republik Korea in Paris zu vertreten, und ich bin sicher, dass unsere Regierung nur allzu bereit sein wird, Ihre Tätigkeit zu unterstützen.

In der Zwischenzeit wäre es angebracht, wenn Sie sich an die französische Regierung wenden und sie dazu bewegen könnten, entsprechende Schritte für die von uns benötigte Anerkennung zu unternehmen. Sie könnten das Franco-Koreanische Freundschafts- und Handelsabkommen ins Gespräch bringen. Frankreich war uns gegenüber immer freundlich eingestellt, und so hoffe ich, dass es seine helfende Hand ausstrecken wird, um dazu beizutragen, dass die koreanische Regierung ihren ihr zustehenden Platz unter den Nationen einnehmen kann.

Bitte teilen Sie uns Ihre korrekte Adresse mit und lassen Sie uns wissen, was wir tun können, um Sie zu unterstützen.

Mit freundlichen Grüßen,
Syngman Rhee

In Paris erfährt Seo am 15. August 1945 von der japanischen Kapitulation und der Befreiung seines Heimatlandes. Gleich einen Tag darauf nutzt er als »Vertreter der republikanischen Regierung seines Landes in Paris und London« die Gelegenheit, aus Anlass eines Interviews mit der Zeitschrift *Ce Soir* dem republikanischen Frankreich für seine Hilfe »auf dem bitteren und schmerzhaften Pfad zur Freiheit« zu danken. Vergessen ist seine sechsmonatige Haft. Er ist voller Hoffnung:

> Ich bin überzeugt, dass mein Land in naher Zukunft sein wahres Gesicht zeigen wird, und wir im Fernen Osten dieselbe Mission erfüllen werden wie Frankreich im Westen, denn wir sind beseelt von derselben Liebe für Gerechtigkeit, Freiheit und Unabhängigkeit!

Nach all den äußeren und inneren Stürmen werde Korea endlich tatsächlich wieder das »Land des ruhigen Morgens« sein. Leider täuscht er sich.

Und wieder trifft ein Telegramm von Syngman Rhee ein:

GLAD TO RECEIVE YOUR MESSAGE WE HAVE CERTAIN PLAN FOR YOU AND WROTE YOU TWICE CAN YOU REPRESENT US IN PARIS = SYNGMAN RHEE +

Nach vierzigjähriger Besatzung durch Japan, von 1905 bis 1910 als Protektorat und danach als japanische Kolonie Chōsen, ist die Hoffnung auf Unabhängigkeit zum Greifen nah. Als die Niederlage Japans unmittelbar bevorsteht, werfen die USA am 6. August eine Atombombe mit schrecklichen Folgen auf die Stadt Hiroshima, mit dem Beginn der Operation Auguststurm am 9. August greifen sowjetische Truppen den japanischen Marionettenstaat Mandschukuo (Mandschurei) und japanische Positionen auf den Kurilen an. Am selben Tag zerstört die zweite amerikanische Atombombe Nagasaki. Japan ist am Ende.

Die Freude der koreanischen Bevölkerung ist unermesslich. Gigantische Festzüge ergießen sich tagelang über das Land. Doch schon bald müssen die Menschen erkennen, dass die Befreiung vom Joch der japanischen Besatzung noch lange nicht die Befreiung von Fremdherrschaft bedeutet. Das Problem ist, dass Korea nicht vom koreanischen Volk selbst, sondern von den Alliierten befreit wurde.

Schon vor der Kapitulation Japans marschieren die Sowjets am 15. August 1945 in Pjöngjang ein und besetzen die nördliche Hälfte der koreanischen Halbinsel. Die USA übernehmen die Kontrolle über den Süden. Mit sehr wenig Planung teilen die beiden Mächte Korea entlang des 38. Breitengrads. Auf die Dörfer und Menschen zu beiden Seiten dieser Grenze nehmen sie keine Rücksicht.

Am 22. August 1945 kehrt Kim Il Sung aus der Sowjetunion nach Pjöngjang zurück, im Oktober 1945 Syngman Rhee aus den USA nach Seoul. Die Sowjets ernennen Kim Il Sung zum Vorsitzenden des Provisorischen Volkskomitees. Er gründet unverzüglich die Koreanische Volksarmee und beginnt, seine Macht auszubauen. Mit Unterstützung der USA, denen er als verlässlicher Verbündeter im Kampf gegen den Kommunismus gilt, wird Rhee am 20. Juli 1948 zum ersten Präsidenten der Republik Korea (Südkorea) gewählt. Im September 1948 verkündet Kim Il Sung die Gründung der Demokratischen Volksrepublik Korea mit ihm selbst als Ministerpräsidenten. Sofort entstehen Scharmützel an der

Grenze, und innerhalb von zwei Jahren sind beide Länder in einen der grausamsten Kriege des 20. Jahrhunderts verstrickt.

Aus Chongqing, dem letzten Sitz der Provisorischen Regierung Koreas in China, telegrafiert der Präsident der Provisorischen Regierung Kim Gu:

> FIRST GROUP OF KOPROGO PERSONNEL CONSISTING OF ALL MEMBERS OF STATE COUNCIL AND MINISTER IS SCHEDULED TO LEAVE CHUNKING FOR KOREA ON FIFTH INSTANT = KIMKOO +

Kim Gu hält Ende November seinen triumphalen Einzug in Seoul. In einer kurzen Radioansprache, bekräftigt er, als Privatperson gekommen zu sein, um mit der amerikanischen Militärregierung zusammenzuarbeiten. Sein Wohnsitz werde von ehemaligen Kampfgefährtinnen und Kampfgefährten aus den Märztagen von 1919 und vom koreanischen Volk belagert, die einen Blick auf die Legende Kim Gu werfen wollen, berichtet die *New York Times* am 25. November 1945. Kim und Rhee konferieren zweieinhalb Stunden mit dem amerikanischen Kommandanten Leutnant John R. Hodge. Vermutlich, spekuliert die *New York Times*, sei Kim Gus Einstellung weniger konservativ als jene Syngman Rhees, dessen größte Schwäche seine ultrakonservative Tendenz sei. Einhellig begrüßt die koreanische Presse Kim Gus Rückkehr, wobei sich die *Korean Free Press* am begeistertsten zeigt: »Endlich ein Sonnenstrahl in der langen koreanischen Nacht! Deshalb wollen wir nicht mehr, dass die Sonne irgendeines anderen Staates auf unser Land scheint.« Diese Zeitung sei die einzige, bemerkt die *New York Times*, die andeutet, dass Kims Ankunft den Anfang vom Ende der amerikanischen Militärbesatzung markiert.

Es kommt anders.

Hodge vermeidet jeden Anflug von Interesse der amerikanischen Behörden am Status der Provisorischen Regierung:

> Mr. Kim hat als Präsident der Provisorischen Regierung Koreas im Exil lange Jahre in China verbracht. Er und seine Gruppe sind als Privatpersonen nach Korea zurückgekehrt, um sich für

> die Vereinigung, Rehabilitierung und Unabhängigkeit ihres Landes einzusetzen. Ich heiße ihn als großen koreanischen Patrioten in seinem Heimatland willkommen.

Erst am 26. Mai 1947 landet Seo im Hafen von Incheon im Westen Koreas, schließlich musste er in Paris vor seiner Abreise einen Haushalt mit Hunderten von Büchern auflösen. Bevor er in seine Heimatstadt Busan fährt, begibt er sich nach Seoul. Es gilt nun, eine Regierung zu bilden, in der Seos Rolle feststeht: Er soll Außenminister werden.

In Busan mischt sich Yeong-haes Freude über das Wiedersehen mit der Stadt seiner Kindheit, die ihn in seinen Träumen begleitet hat, mit tiefer Trauer: Nach dem Tod seines Vaters ist die große Familie zerfallen. Von der Apotheke seines Vaters ist keine Spur mehr zu finden. Seine Mutter ist ebenso gestorben wie einige seiner Geschwister. Andere haben Korea verlassen, um in Japan oder Nordkorea ein neues Leben zu beginnen. Von seiner engeren Familie ist nur der jüngste Bruder, der Lehrer Seo Jo-su, in Busan, um Yeong-hae zu begrüßen. Yeong-haes Verwirrung über die geänderten Verhältnisse überwältigt ihn. Als er Busan 1920 mit hochfliegenden Idealen verließ, war die Stadt an der Mündung des Flusses Nakdonggang noch recht klein. In der Zwischenzeit wurde sie von der japanischen Besatzungsmacht zu einer der führenden Industriestädte Koreas ausgebaut.

Während Yeong-hae auf den ersten Fotos mit Familienangehörigen noch in Anzug und heller Krawatte aus der Gruppe der ernst dreinblickenden Erwachsenen und Kinder in koreanischer Kleidung heraussticht, sehen wir ihn auf späteren Fotos in einem weißen einheimischen Anzug barfuß auf dem Boden sitzen. Doch während seiner langen Abwesenheit hat Yeong-hae wenig über die Veränderungen erfahren, die sich unter der japanischen Besatzung in seiner Heimat vollzogen haben. Und auch er selbst hat sich geändert. Man verbringt nicht ungestraft 28 Jahre im Ausland. Seo Yeong-hae ist Europäer geworden.

Die Frau seines jüngsten Bruders Gum Young-ae hatte Mühe, mit ihm zurechtzukommen. »Er war seltsam«, vertraute sie Sang Chun Jung an. »Nichts passte ihm, er kritisierte alles und jeden,

Familie Seo, um 1947

vor allem die Jungen.« Der Autor schreibt in seinem Buch über Seo, dieser sei für jene, die ihn von früher kannten, zu einer Art Don Quixote geworden. Fremde junge Männer sprach er an und kritisierte die Art und Weise, wie sie sich bewegten. Als er Müll auf der Straße sah, lästerte er, dass man in Frankreich den Müll verbrennen würde. Außerdem gebe es dort auch in den Dörfern warmes Wasser. Um sich aus der Armut zu befreien, müsse man fleißig sein und dürfe sich nicht gehen lassen.

Als Seo in Busan aus dem Zug stieg, nahm ihm ein Polizist sein Buch in französischer Sprache weg und verhörte ihn: »Was machen Sie? Woher sind Sie? Wovon handelt dieses Buch?« Seo antwortete wütend:

> Wenn ein Polizist in Paris ein falsch geparktes Auto sieht, bittet er den Fahrer höflich um den Autoschlüssel, damit er den Wagen anderswo abstellen kann. Unsere Polizisten haben von den Japanern vor allem die schlechten Eigenschaften gelernt!

Seos Rückkehr macht unter den Bewohnerinnen und Bewohnern Busans die Runde, und seine Familie und sein Freundeskreis umsorgen ihn mit der Gastfreundschaft, die einem großen Sohn ihrer

Gruppenbesuch in Kim Gus privater Residenz im Chongqing House am 12. Februar 1948

1. Reihe, Erster von links: der französische Priester Antonio Combert; Erster von rechts: Bischof Rooh Ki-Nam; Zweiter von links: Ehrengast Joseph Paul-Boncour, französischer Politiker und Diplomat; Mitte: Kim Gu
2. Reihe, rechts außen: Seo Yeong-hae

Stadt gebührt. Und schon bald stellen sie fest, dass sich seine Einstellung dem Leben gegenüber bei aller Fremdheit wenig geändert hat. Am Morgen wäscht er sich mit kaltem Wasser und gönnt sich keine Ruhepause. Er trifft sich mit vielen Leuten und hält Vorträge. Seine antijapanische Haltung lebt auch nach der Niederlage des einstigen Besatzers fort. Japanische Worte im Koreanischen, die sich in der langen Zeit der japanischen Präsenz eingeschlichen haben, duldet er nicht. Dasselbe gilt für japanisches Essen. Dennoch hat er sich seine Bescheidenheit erhalten. Auf den Gruppenfotos mit Mitgliedern der Provisorischen Regierung und der amerikanischen Delegation fällt auf, dass er, der doch Außenminister werden soll, stets in der letzten Reihe am Rand steht.

Schon bald versucht Seo Yeong-hae, sich ein Bild von der politischen Lage zu machen. Ist der Augenblick der Unabhängigkeit gekommen? Oder ist es schon zu spät? Allerdings stürzt er sich nicht sogleich in die schwierige politische Szenerie, sondern schreibt Artikel und hält Vorträge. Ab dem zweiten Semester 1947 wird er an der Universität Yonsei Professor am medizinischen Frauenkolleg von Kyungsung und an der Frauenuniversität von Ewha, wo er vor allem Französisch unterrichtet. Aus dem Bedürfnis heraus, die koreanische Unabhängigkeit zu betonen, weigert er sich, japanisches Unterrichtsmaterial zu verwenden, und stellt für seine Studierenden ein Lehrbuch für das Anfangsstudium der französischen Sprache zusammen. Die Qualität des Papiers ist schlecht, die Texte schreibt er selbst mit der Schreibmaschine. Die französischen diakritischen Zeichen fügt er mit dem Kugelschreiber ein.

Zusätzlich zu seiner Unterrichtstätigkeit eröffnet Seo ein privates Büro und gibt mehrmals wöchentlich kostenlos Kurse in Kirchen. Einige seiner Schüler, die bei ihm Französisch lernen, sind Personen, die sich später in der Politik, im Bildungswesen und im Journalismus einen Namen machen werden. Seo hält Vorträge in französischer Sprache, in denen er auf der Grundlage seiner eigenen Erfahrungen die internationale Lage analysiert. Choi Kwang-seok, der später als Journalist in Nordkorea arbeitet, fragte ihn am ersten Tag nach den Unterrichtskosten und wurde von Seo barsch zurechtgewiesen: »Glauben Sie, dass ich das mache, um Geld zu verdienen?« Choi Kwang-seok wurde ein begeisterter Anhänger Seos und hatte vor, mit ihm nach Europa zu gehen.

Und dann kommt es zur Begegnung mit Hwang Sun-jo, einer 26-jährigen Lehrerin am Lycée von Kyungnam in Busan. Seo Yeong-hae hat nun doch noch die koreanische Frau gefunden, die eines Tages im Hanbok, dem traditionellen koreanischen Kleid, mit ihm unter dem Tour Eiffel spazieren soll, so wie er es sich nach seinem Debakel mit Elizza erträumt hat. Hwang Sun-jo ist eine moderne berufstätige Frau, die in Japan am Tokyo Family College studiert hat. Seit ihrer Rückkehr aus Japan 1941 haben ihre Eltern sie zu einer Eheschließung gedrängt, doch die Tochter konnte sich für keinen der Kandidaten begeistern. Bei Seo Yeong-hae ist es anders, seine vielsprachige Weltläufigkeit und flinke Intelligenz müssen sie rasch überzeugt haben. Außerdem kannten sich die beiden Familien. Ihr Vater, ein auf orientalische Medizin spezialisierter Arzt, war Schüler von Seos Vater.

Die Begegnung der beiden Brautleute war von Yeong-haes Bruder und von Freundinnen und Freunden mit Nachdruck betrieben

Seos zweite Hochzeit mit Hwang Sun-jo, 1948

worden. Offensichtlich verstanden sich die beiden trotz des Altersunterschieds von zwanzig Jahren hinreichend gut, um schon am 24. März 1948 den Bund fürs Leben zu schließen. Auf dem Hochzeitsfoto schauen sie nicht gerade glücklich drein, aber eine Hochzeit zwischen zwei Menschen, die sich kaum kennen, ist ja schließlich auch eine ernste Angelegenheit. Auch auf den meisten anderen Fotos lächelt Seo selten. Und sie? Jung zitiert sie mit den Worten: »Er war eine beeindruckende, wunderbare Person, gebildet und würdig. Er war für mich mehr Lehrer oder Vater als Ehemann.« Ob ein solches Verhältnis für eine glückliche Ehe reicht, ist fraglich. Da sie größer war als er, musste sich Seo zwecks Wahrung des erforderlichen Größenverhältnisses zwischen Braut und Bräutigam für das Hochzeitsfoto auf eine Kiste stellen.

Das Paar lässt sich in Seoul nieder, wo Seo an der Mädchenschule unterrichtet und innerhalb und außerhalb der Schule ohne Unterlass Vorträge hält.

Die beiden heiraten in einer Zeit der politischen Unruhe. Nordkorea ist von der Sowjetunion besetzt, und am 8. September 1945 landen Truppen der USA in Südkorea. Schon Ende 1945 einigten sich die beiden Staaten auf eine fünfjährige internationale treuhänderische Verwaltung Koreas. In dieser Zeit sollen die beiden Landesteile eine gemeinsame, unabhängige koreanische Regierung bilden. Dagegen erheben sich empörte Menschen im Süden ebenso wie im Norden. Nach Jahrzehnten der Knechtschaft durch Japan hat das koreanische Volk die Nase voll von fremden Regierungen, die über ihr Schicksal bestimmen.

Die Verhandlungen der gemeinsamen sowjetisch-amerikanische Kommission in Seoul und Pjöngjang, die die Treuhandregelung organisieren sollen, kommen nur schleppend voran. Im September 1947 äußern die USA den Wunsch, die Frage der koreanischen Unabhängigkeit den eben erst gegründeten Vereinten Nationen zu überlassen, die für März 1948 Wahlen organisieren sollen. Die sowjetische Regierung ist dagegen. Sie schlägt für Anfang 1948 den Rückzug aller ausländischen Truppen aus Korea vor, die Zukunft Koreas solle der koreanischen Bevölkerung überlassen werden, ein Vorschlag, der in Kims und Seos Sinn ist. Außerdem sollten nach sowjetischer Vorstellung koreanische Delegierte zu den Vereinten Nationen eingeladen werden. Resolutionsentwürfe zu diesen Initiativen werden im Oktober vorgelegt, jedoch überstimmt. An der Abstimmung über eine von den USA unterstützte Resolution nehmen die Sowjetunion und ihre engsten Verbündeten nicht teil. Die brüchige sowjetisch-amerikanische Kooperation zu Korea ist gestorben. Die sowjetisch-amerikanische Kommission wird im November 1947 aufgelöst.

Während Kim Il Sung in Nordkorea mit Unterstützung der Sowjetunion eine einigermaßen lebensfähige Wirtschaft auf die Beine stellt, herrschen in Südkorea Hungersnot und Arbeitslosigkeit. Verschiedene koreanische politische Gruppierungen – kommunistische, christliche, rechte, gemäßigt linke Vereinigungen – bekämpfen einander mit zunehmender Gewalt. Die amerikanische Besatzung unter dem arrogant auftretenden Leutnant Hodge wird immer unbeliebter. Der Hoffnungsträger für eine zentristische Regierung, Yeo Un-hyeong, wird wenige Wochen nach Seos Ankunft von einem 19-jährigen Mitglied der Schwarzen Tiger ermordet, einer Gruppierung, die mit der Polizei von Seoul zusammenarbeitet.

Tausende Menschen unterschiedlicher politischer Orientierung nehmen bei seinem Begräbnis Abschied von dem beliebten gemäßigten Politiker.

In Südkorea flammen Demonstrationen gegen die geplante Wahl auf, denn es ist klar, dass sie die Teilung Koreas besiegeln würde. Es kommt zu Straßenschlachten mit der Polizei mit Hunderten Toten und Verwundeten. Am 15. März erklären die führenden südkoreanischen Exilpolitiker, darunter Kim Gu und Kim Gyu-sik, dass sie die Wahl ablehnen. Sie rufen zu einer gesamtkoreanischen Wahl auf. Für die Teilnahme an den Wahlen im Süden bleiben nur die Partei der Koreanischen Demokratie, die Partei der Beamten der amerikanischen Militärregierung und die Partei Syngman Rhees übrig.

Im April 1948, weniger als einen Monat nach Yeong-haes Heirat, lädt Kim Il Sung eine südkoreanische Delegation zu einer gemeinsamen Konferenz nach Pjöngjang ein, die über die Einheit Koreas diskutieren soll. Sie wird von Kim Gu und Kim Gyu-sik angeführt. Seo Yeong-hae begleitet die Delegation als einziger Pressevertreter.

Die Konferenz findet am 22. April 1948 statt, mit 233 Delegierten aus Südkorea und 305 aus Nordkorea. Am 30. April geben sie in einer gemeinsamen Resolution bekannt, dass sie eine einheitliche koreanische Regierung bilden und dafür eine landesweite Wahl stattfinden lassen wollen. Voraussetzung ist der Abzug aller ausländischen Armeen aus Korea. Parallel zu dieser Konferenz verkünden 56 südkoreanische Parteien am 23. April in einer gemeinsamen Erklärung, eine separate Wahl in Südkorea auf keinen Fall akzeptieren zu wollen. Die Vereinten Nationen hätten die Wahl ohne die Anwesenheit der koreanischen Delegation und gegen den Willen des koreanischen Volkes entschieden. Auch sie fordern den Abzug aller ausländischen Truppen und verlangen, das koreanische Problem der koreanischen Bevölkerung zu überlassen. Bei ihrer Rückkehr aus Pjöngjang müssen sich Kim Gu und Kim Gyu-sik verpflichten, die Wahl nicht zu behindern.

Die bürgerkriegsähnliche Situation in Südkorea eskaliert bis zum Wahltag am 10. Mai. Bis dahin werden 10.000 Personen verhaftet und 299 getötet. Auch am Wahltag selbst verlieren 44 Menschen das Leben. Wie von den USA gewünscht, ergibt die Wahl einen Sieg der Partei Syngman Rhees und der Beamten der Militärregierung. Hodge beginnt, alle, die die Wahl boykottiert haben, als kommunistisch zu verfolgen. Als Rhee am 31. Mai zum Vorsitzenden des Nationalparlaments gewählt wird, führt er diese Linie fort.

Seos Traum von einem vereinigten, unabhängigen Korea scheint in weite Ferne zu rücken. Dass er nicht an der Wahl teilgenommen hat, versteht sich von selbst. Syngman Rhee bereitet mit Hodge die Bildung einer Regierung vor, obwohl der Amerikaner dazu gar nicht berechtigt ist. Er hätte das Gutachten der Wahlkommission bezüglich der Rechtmäßigkeit der Wahl abwarten müssen. Hodge will eine *Fait accompli* schaffen, um die nachträgliche Anerkennung zu erzwingen. Am 17. Juli wird die Regierung verkündet. Am 20. Juli wird Rhee zum Präsidenten gewählt. Am 15. August übernimmt die neue Regierung offiziell die Regierungsgewalt von der amerikanischen Militärregierung. Am 12. Dezember 1948 wird die Republik Korea in der Vollversammlung der Vereinten Nationen als »einzige Regierung Koreas« anerkannt. Kanada, Australien und Indien behaupten, die neue Regierung habe nur in der amerikanischen Zone Gültigkeit und bestreiten ihren Souveränitätsanspruch für die gesamte Halbinsel. Die USA schickt einen Sonderbeauftragten nach Südkorea. Zusammen mit Hodge übt er auf Rhee Druck aus, ein gefügiges Kabinett zu bilden.

Im Mai 1948 tritt Seo Yeong-hae der von Kim Gu und Kim Gyu-sik gegründeten Vereinigung zur Förderung der Unabhängigkeit und Vereinigung Koreas bei, ein offener Affront gegen die Regierung Rhee. Seo sieht für sich keine Zukunft mehr in Korea. Er will zurück nach Frankreich, um dort erneut für die Unabhängigkeit und Einheit Koreas zu kämpfen. Wütend ist er auch, wenn er jetzt auf den Straßen Seouls Koreanerinnen oder Koreaner sieht, die sich in Paris als japanisch ausgegeben und ihn bei der japanischen Botschaft angeschwärzt haben. »Als ich das sah, brannten mir die Augen«, schreibt er.

Vor seiner geplanten endgültigen Abreise wird Seo von Kim Gu nach Paris geschickt, um die dortige Regierung über die Zustände in Korea zu informieren. Seo sucht um ein französisches Visum an und will über China nach Paris reisen, weil der koreanische

Generalkonsul von Shanghai aus operiert. Sein Gesuch wird von der Asienabteilung des Außenministeriums an das französische Justizministerium weitergleitet. Am 5. Juni 1948 bestätigt der Beauftragte des Ministeriums in der Abteilung Kriegsrecht, Jean Marion, dass sich Seu Ring-Hai zwischen 1923 und 1947 in Frankreich aufgehalten habe, am Lycée von Beauvais zur Schule gegangen sei, in Frankreich als inoffizieller Vertreter der koreanischen Regierung unter japanischer Besatzung fungiert habe, während des Krieges Frankreich und den Alliierten gegenüber stets äußerst freundlich eingestellt gewesen sei und nach der Befreiung und der Anerkennung des koreanischen Staates durch einige Alliierte mehrmals vom Quai d'Orsay empfangen wurde. Jean Marion betont, er kenne Seu Ring-Hai seit seiner Ankunft in Frankreich 1923 persönlich, und dieser sei ihm stets ein treuer und ergebener Freund gewesen.

Das Visum wird für ihn in Shanghai deponiert. Doch als er dort eintrifft, wird er von den Behörden der Nationalistischen Partei Chinas als Kommunist in Haft genommen. Er protestiert beim Leiter der koreanischen Delegation in China und fordert seine unverzügliche Freilassung. Dieser schickt am 10. August eine Depesche an den Generalsekretär der Regierung Chiang Kai-shek, in der er Seos sofortige Freilassung und das rasche Ausstellen eines Visums fordert. Er legt die offizielle Registrierung der *Agence Korea* bei. Dank dieses Briefes kann Seo Mitte Oktober endlich nach Paris reisen, wo er Kim Gus Auftrag erfüllen und die Wiederaufnahme der Tätigkeit der *Agence Korea* betreiben will.

Am 1. Dezember 1948 spricht Seo in der Asienabteilung des Außenministeriums zwecks »inoffizeller« Kontaktaufnahme vor. Tags darauf fertigt die Abteilung einen Bericht über das bemerkenswerte Gespräch an:

> M. Seu Rung-Hai, der fließend Französisch spricht, erklärt, er »vertrete« seit 22 Jahren die koreanische Regierung »im Exil«. Nachdem er sich von Präsident Syngman Rhee getrennt hat, den er bezichtigt, Südkorea den USA anzudienen, hat er sich auf Seiten von Kim Gu in die Opposition begeben.

Er erklärt, das Ministerium aufgesucht zu haben, um einen »politischen« Bericht abzugeben, und erläutert umfänglich Kim Gus Haltung zu den innerkoreanischen Angelegenheiten.

Kim Gu verfolge hartnäckig die Vereinigung Koreas, erklärt Seo, und arbeite mit aller Kraft auf den Abzug der amerikanischen und sowjetischen Truppen hin. Um dieses Ziel zu realisieren, hat sich Kim Gu »trotz des amerikanischen Verbots« zur Konferenz in Pjöngjang begeben.

M. Seu Ring-Hai hat Kim Gu begleitet.

Das Gespräch zwischen Kim Gu und den koreanischen kommunistischen Führern, die alle dessen alte Kampfgefährten sind, habe zu einem sehr positiven Ergebnis geführt, und man habe sich über ein Programm für die Landreform, die Arbeitsgesetzgebung und die Bildungspolitik geeinigt. Kim Gu habe die Entwaffnung der Volksarmee des Nordens gefordert, was abgelehnt wurde, worauf ihm allerdings angeboten wurde, die Truppen unter den Befehl eines von Kim Gu selbst und einem Vertreter der koreanischen Kommunisten angeführten Komitees zu stellen. Die Kommunisten hätten überdies akzeptiert, nach dem Abzug der ausländischen Truppen Parlamentswahlen unter UNO-Kontrolle im ganzen Land stattfinden zu lassen. Man würde neutrale Kräfte so lange mit der Sicherung der Ordnung beauftragen, bis Korea in der Lage sei, diese Aufgabe selbst zu übernehmen.

Kim Gu, der sich anscheinend sowohl nördlich wie südlich des 38. Breitengrades großer Beliebtheit erfreut, würde das Oberhaupt der neuen Regierung werden.

Vor der Umsetzung dieses Plans, dessen Voraussetzung offensichtlich der Abzug der Besatzungsmächte ist, sagt M. Seu Ring-Hai für den Monat Februar den Sturz der Regierung Syngman Rhee voraus und deren Substituierung durch eine von den Amerikanern unterstützte Übergangsregierung, die aber über keine eigene Autorität verfügen würde. Gewiss würden in diesem Augenblick in Korea Aufstände ausbrechen.

Bezüglich der zu erwartenden Unruhen im äußersten Süden bezeichnete M. Seu Ring-Hai die Protagonisten als Patrioten, die die Beibehaltung der alten projapanischen Verwaltung durch die Amerikaner unerträglich fanden. Die Kommunisten spielten anfangs in dieser Bewegung keine Rolle, hätten sich ihrer aber dann bemächtigt, um ihre Propaganda voranzutreiben. Ohne es zu bestätigen, ließ M. Seu Ring-Hai durchblicken, dass diese Revolten von Kim Gu unterstützt (wenn nicht gar organisiert) wurden.

Heftige Kritik übte M. Seu Ring-Hai an den Russen und Amerikanern, die sich Koreas als Kampffeld für ihre eigenen Streitigkeiten bedienten; seiner Meinung nach haben sich weder die einen noch die anderen beim koreanischen Volk beliebt gemacht, er meint aber, dass die Russen unendlich viel geschickter agierten als die Amerikaner.

Die Amerikaner seien »große Kinder«, die nicht weiter als bis zu ihrer eigenen Nasenspitze schauen und den Dollar für einen Gott halten würden. Sie hielten sich für mächtig genug, alle Probleme zu lösen, [...] mit dieser Kurzsichtigkeit haben sie in Korea die schlimmsten Dummheiten angerichtet. »Wir brauchen sie ebenso wenig wie übrigens auch die Russen, und wir wollen uns weder der kommunistischen Ideologie unterwerfen noch dem amerikanischen Kapitalismus, [...] das ist der Grund, warum wir eine Annäherung an Frankreich suchen.«

M. Seu Ring-Hai kommt dann zu dem, was er »den eigentlichen Grund seines Besuchs« nennt, nämlich die »Vorbereitung« franco-koreanischer Kontakte.

Auf wirtschaftlicher Ebene sei es zweifellos im gegebenen Augenblick zu früh für die Organisierung eines Austausches, aber man müsse schon jetzt klären, was Korea und was Frankreich bieten könnten. Korea würde auf jeden Fall französische Techniker und französische Maschinen benötigen.

Auf kultureller Ebene sei es möglich – und wünschenswert – möglichst rasch bestimmte Schritte einzuleiten:

M. Seu Ring-Hai schlägt vor:

1. Den Ausbau des Nachrichtendienstes »Korea«, der in Paris bereits existiert, aber derzeit inaktiv ist. Mit diesem Ziel würde M. Seu Ring-Hai auf Kim Gus Kosten zwei akademisch ausgebildete Personen nach Frankreich schicken, um die Wiederaufnahme der Agenturarbeit zu betreiben.

2. Die Schaffung eines koreanischen Lehrstuhls an der Schule für orientalische Sprachen. Kim Gu würde einen Professor zur Verfügung stellen und die Reisekosten übernehmen.

3. Die Aufnahme von fünf Stipendiaten – gänzlich auf Kim Gus Kosten – in Frankreich, die an französischen Schulen oder Universitäten studieren sollen.

M. Seu Ring-Hai hofft, dass man diesen Koreanern möglichst rasch Visa gewährt.

M. Seu Ring-Hai ist der Meinung, dass das Koreaproblem in der laufenden Sitzungsperiode der UNO nicht diskutiert werde.

M. Seu Ring-Hai beendet das Gespräch mit viel Lob für M. Costilhes, dem Konsul in Seoul, und unterstreicht seine Hoffnung, dass dieser Vertreter seine Tätigkeit noch lange ausführen werde.

Dieses Gespräch könnte als Seo Yeong-haes politisches Vermächtnis angesehen werden. Nun will er sich bald mit seiner Frau erneut auf den Weg nach Paris machen. Als er im Januar 1949 nach Shanghai zurückkehrt, ist Hwang Sun-jo bereits aus Korea eingetroffen und bereitet sich darauf vor, sich mit ihrem Mann auf das Abenteuer Europa einzulassen. Noch einmal fährt Seo nach Seoul, um Kim Gu über sein Gespräch in Paris Bericht zu erstatten, und überzeugt drei junge Kampfgenossen, seinen Weg zu teilen: Choi Gwang-seok, später ein Mitarbeiter des nordkoreanischen Rundfunks, Hong Cheol-su und Gim Gi-hyeon, der später Chefredakteur von *Yeongnam Daily* wird, versprechen: »Wir werden alle Schwierigkeiten zusammen mit Herrn Seo meistern und unermüdlich für unser Land arbeiten.« Alle drei sind verheiratet und bereit, sich mit ihrer Familie in Europa niederzulassen, um sich dort journalistisch und diplomatisch zu engagieren. Choi Gwang-seok will sich um den Nahen Osten und Afrika kümmern, Hong Cheol-su um Frankreich und England und Gim Gi-hyeon um Nordeuropa.

In Shanghai besucht Seo das Ehepaar, das ihn als Jugendlicher adoptiert hat, um sie von seiner baldigen Abreise nach Paris zu unterrichten. Von den drei Kameraden, die sich ihm in Seoul angeschlossen haben, trifft nur Choi Gwang-seok in Shanghai ein, die anderen beiden können nicht kommen, weil ihre Familien nicht einverstanden sind und es ihnen auch nicht gelingt, einen Pass zu bekommen. Kim Gu will mit Hilfe seines Sohnes einen Teil von Seos Reisekosten übernehmen. Für Seo ist es aufgrund seines langen Aufenthalts in Frankreich kein Problem, ein französisches Visum zu erhalten, doch die Ausstellung des Visums für seine Frau und das Ehepaar Choi lässt auf sich warten. Währenddessen sorgt Seo für die Anstellung seiner Frau als Kunstlehrerin an der koreanischen Inseong-Schule für Mädchen.

Inmitten des ungeduldigen Wartens auf das Visum ergibt sich im Mai 1949 eine unerwartete Situation: Shanghai fällt in die Hände der Kommunistischen Partei Chinas.

Während des Japanisch-Chinesischen Krieges tobte ein Bürgerkrieg zwischen der nationalistischen Partei Chiang Kai-sheks und der Kommunistischen Partei. Chiang Kai-shek gab sich geschlagen und zog sich nach Taiwan zurück. Die Kommunistische Partei unter Mao Tse-tung proklamiert am 1. Oktober 1949 die Volksrepublik China. Alle koreanischen Staatsangehörigen in Shanghai werden verhaftet. Syngman Rhee beeilt sich, deren Repatriierung zu organisieren. Am 11. Oktober schiffen sich Hwang Sun-jo und das Ehepaar Choi zusammen mit den anderen Koreanerinnen und Koreanern aus Shanghai mit dem letzten Schiff aus China nach Busan ein. Seo Yeong-hae, der chinesische Staatsbürger, wird nicht an Bord gelassen. Es kann durchaus sein, dass es nicht die chinesische Regierung, sondern Syngman Rhee war, der Seos Repatriierung verhindert hat.

Zudem war am 26. Juni 1949 Kim Gu von Ahn Doo-hee ermordet worden. 2001 freigegebene Dokumente deuten an, dass der Mörder in den Diensten der Spionageabwehr der USA stand. Gewiss hatte Rhee seine Hände mit im Spiel. Als treuer Kampfgefährte Kim Gus und als Aktivist für die Einheit seines Landes hatte Seo also durchaus Grund, in Korea um sein Leben zu fürchten.

Das frisch vermählte Ehepaar wird auseinandergerissen. Hwang Sun-jo und Seo Yeong-hae haben mit Unterbrechungen ein Jahr und sechs Monate zusammengelebt. Zum Abschied gibt Seo Yeong-hae seiner Frau, so Autor Sang Chun Jung, einen frommen Wunsch mit auf den Weg:

Ich glaube, dass das Leben der Menschen im Himmel beschlossen wird, ich glaube aber auch, dass sie den Lauf der Dinge mit ihrem Willen beeinflussen können. Bewahre dir bis zu einem Wiedersehen dein von Gott gegebenes Leben und deine Gesundheit. Leben wir so glücklich es geht, damit wir eines Tages über unsere heutige Trauer lachen können.

Verbrannte Erde

Als Hwang Sun-jo ohne ihren Mann im Oktober 1949 in Korea eintrifft, ist Südkorea in Aufruhr. Ein Jahr zuvor war in Yeosu, einer Stadt im äußersten Süden Koreas, ein Aufstand ausgebrochen. Rhee schickte Regimenter, die sich jedoch weigerten, die Rebellion niederzuschlagen und ihrerseits gegen die Regierung rebellierten. Rhee stellte die Region unter Kriegsrecht und entsandte Soldaten. Bald war die ganze südliche Region vom Aufruhr erfasst. Rhee bezeichnete die Aufständischen als kommunistisch und verabschiedete am 1. Dezember 1948 ein Gesetz, das den Kommunismus in Südkorea verbot. Mit voller Unterstützung der USA ging er mit äußerster Schärfe vor und konnte schließlich Ende 1949 die Aufständischen besiegen und am 5. Februar 1950 das Kriegsrecht aufheben. Doch seine grausamen Repressionsmethoden brachten ihm und seinem amerikanischen Beschützer in der Bevölkerung wachsende Feindschaft ein und eine zunehmende Sympathie für Nordkorea. Zur endgültigen Lösung des Konflikts propagierte Rhee die Eroberung Nordkoreas.

Ende Dezember 1948 hatten die Vereinten Nationen den Abzug der ausländischen Truppen aus Korea angeordnet. Rhee forderte militärischen Schutz durch die USA und warnte vor dem Vordringen Nordkoreas in den Süden. Seine Panik war gerechtfertigt, denn nicht nur kündigten die USA ihren Abzug für Juni 1949 an, sondern auch Rhees Parlament wandte sich gegen ihn und verlangte seinen Rücktritt. Seos ehemaliger Gefährte im Kampf gegen Japan ließ Presseleute wie ihn und Parlamentsabgeordnete festnehmen, verbot Zeitungen, die ihn kritisierten und meldete Amerika mehrmals »ernsthafte Angriffe« aus Nordkorea an der Grenze des 38. Breitengrades.

Ende Juni 1949 zogen die USA ihre Besatzungstruppen ab, hinterließen aber zusätzlich zu den politischen und wirtschaftlichen Kontrollorganen eine 500 Mann starke militärische Beratungsgruppe. Rhee war keine willenlose Marionette Amerikas, sondern hatte die Vereinigten Staaten nur für seine eigene Machtergreifung genutzt, ebenso wie die USA ihn ihrerseits als Aushängeschild benutzt hatten, um ihren Einfluss in Südkorea weiterhin ungehindert ausüben zu können. Präsident Truman verlangte von Rhee einen Friedensvertrag zwischen Südkorea und Japan, wo die USA dabei waren, eine von ihnen abhängige Industrie aufzubauen. Rhee forderte von Japan eine Entschädigung für die Kolonialzeit, Japan seinerseits eine Entschädigung für Verluste japanischer Vermögenswerte in Südkorea. Im Mai 1950 fanden Parlamentswahlen statt, die Rhees Machtbasis erschütterten. Linksgerichtete erhielten im Parlament die Mehrheit.

Der amerikanische Einfluss in Südkorea verstärkte sich, als in China der Schützling Amerikas Chiang Kai-shek von Mao Tse-tung geschlagen und vom chinesischen Festland vertrieben wurde. In den USA führte die Angst vor dem Kommunismus zur »McCarthy-Ära« (1947 bis 1956), in der (vorgebliche) Kommunistinnen und Kommunisten gnadenlos verfolgt wurden.

Während die Armee Nordkoreas von der Sowjetunion bestens ausgerüstet wurde, war es um die südkoreanischen Truppen jämmerlich bestellt. Won-Lim Byun-Brenk äußert in ihrem Buch »Der Präventivkrieg Amerikas in Korea 1950« die Vermutung,

> [...] dass Amerika die Armee Südkoreas absichtlich in einem desolaten Zustand hielt, um später einen Grund für den eigenen Einmarsch zu haben. Ein weiterer Hinweis ist, dass Truman ganz offensichtlich die südkoreanische Armee für nicht stark genug hielt, dem nordkoreanischen Angriff zu begegnen; [...] Es scheint, als hätte Amerika absichtlich das Militär nicht hinreichend ausgerüstet, um Rhee nicht zu mächtig werden zu lassen.

Am 25. Juni 1950 überschritten nordkoreanische Truppen den 38. Breitengrad, nachdem es schon einige Zeit zuvor zu Grenzverletzungen auf beiden Seiten gekommen war. Dieses Datum gilt als der Beginn des Koreakrieges, des ersten »heißen Krieges« im Kalten Krieg, eine Konfrontation zwischen Kommunismus und Kapitalismus. Ohne nennenswerten Widerstand rückten die nordkoreanischen Truppen vor und wurden sogar von Teilen der Bevölkerung begrüßt, die der Regierung Rhee feindselig gesinnt waren. Die Soldaten ebenso wie die Bevölkerung Südkoreas litten unter Lebensmittelknappheit. Von Hunger getrieben, desertierten gleich zu Kriegsbeginn mehrere südkoreanische Divisionen, deren Kommandeure sich abgesetzt hatten. Die Hauptstadt Seoul, nicht weit vom 38. Breitengrad gelegen, konnte nicht gehalten werden. Die Bevölkerung wurde ihrem Schicksal überlassen. Rhee und die Regierung zogen sich immer weiter südwärts zurück, bis die Hauptstadt schließlich am 18. August in Seos Heimatstadt Busan verlegt wurde. Am 28. Juni fiel Seoul in die Hände der Nordkoreaner. Am 5. Juli griffen die USA unter der Flagge der Vereinten Nationen in das Kampfgeschehen ein. Am 9. August begannen sie mit schweren Luftangriffen auf die nordkoreanische Hauptstadt Pjöngjang und andere Orte, um die Versorgung und den Nachschub der nordkoreanischen Truppen zu unterbrechen. Im September landeten amerikanische Truppen unter General Douglas MacArthur in Incheon, mit dem Ziel, den Süden zurückzuerobern. Damit begann der Rückzug der Nordkoreaner und der Vorstoß der Amerikaner bis an die chinesische Grenze.

Am 7. September 1950 tagte der Sicherheitsrat der Vereinten Nationen in Anwesenheit eines südkoreanischen Vertreters, während ein nordkoreanischer Vertreter nicht zugelassen wurde. Die Sowjetunion beschwerte sich über den Abschuss sowjetische Flugzeuge durch die USA. Nun bahnte sich der Konflikt zwischen den beiden Supermächten USA und Sowjetunion an, den beide Teile bis dahin vermieden hatten.

Ende Oktober griff China in den Krieg ein. Der Stellungskrieg in ergebnislosen Kampfhandlungen mit Millionen Toten setzte sich fort bis zum Waffenstillstand im Juli 1953 und der endgültigen Teilung des Landes entlang des 38. Breitengrades, an dem der Krieg seinen Anfang genommen hatte. Tausende Menschen aus Nordkorea und China in südkoreanischen Gefangenenlagern weigerten sich, in ihre jeweiligen Länder zurückzukehren. Erst Stalins Tod im März 1953 öffnete den Weg für eine Regelung.

Während des jahrelangen Stellungskriegs wurde Nordkorea von den USA mit Napalm- und Brandbomben traktiert. Fabriken,

Elektrizitätswerke, Schulen, Krankenhäuser und fast alle Wohnhäuser wurden zerstört. Die Bevölkerung sah sich gezwungen, ihr Leben in einem ausgefeilten Netzwerk von Tunneln zu fristen, um sich vor dem Tod aus der Luft zu schützen. Im Sommer 1953 lag Nordkorea in Trümmern. Allein auf Pjöngjang waren 390.000 Bomben abgeworfen worden. Nicht wenige Dörfer waren durch die Zerstörung von Dämmen und Deichen überflutet. Die Leistungen des fünfjährigen Aufbaus nach der Befreiung waren restlos zerstört. Jede neunte Person war getötet worden. Das Einkommen der Bevölkerung schrumpfte auf 70 Prozent von dem des Jahres 1949. Diese Erinnerung an den Krieg gab dem autoritären Regime Kim Il Sungs seine Legitimität. Südkorea bescherte der Krieg die Abhängigkeit von den USA und eine Reihe antikommunistischer Diktaturen, die durch die Teilung des Landes und den Kalten Krieg legitimiert wurden. Und immer noch schwelt auf der Halbinsel ein Kalter Krieg zwischen den USA und China.

Über koreanische und chinesische Verluste liegen laut Wikipedia keine konkreten Zahlen vor. Nach Schätzungen starben im Koreakrieg mehr als vier Millionen Menschen – Südkorea verlor etwa eine Million (Soldaten und Zivilbevölkerung), Nordkorea 2,5 Millionen, China eine Million und die UN-Truppen etwa 40.000 (davon 36.914 US-Amerikaner). Das amerikanische Außenministerium gab bekannt, dass die USA etwa 15 Milliarden Dollar für den Krieg ausgaben.

Die Toten fielen nicht immer regulären Kriegshandlungen zum Opfer. Auf beiden Seiten wurden Kriegsverbrechen begangen. Südkorea führte unter dem US-Oberkommando einen rücksichtslosen Kampf gegen alles, was in irgendeiner Weise mit dem Kommunismus in Verbindung gebracht werden konnte. Die nordkoreanischen Streitkräfte, ihre chinesischen Verbündeten und verschiedene paramilitärische kommunistische Gruppen, die im gesamten Land operierten, schreckten ihrerseits vor Morden an Fliehenden und Regimegegnerinnen und -gegnern nicht zurück und praktizierten vielerorts eine Politik der verbrannten Erde.

»Der Koreakrieg war kein Bürgerkrieg zwischen Süd- und Nordkorea, wie es die Großmächte gern vorgaben«, schreibt Won-Lim Byun-Brenk im Nachwort ihres Buches.

Direkt nach dem Abzug der beiden Großmächte fehlte die Zeit, die eingesetzten Marionettenregierungen die Macht ergreifen zu lassen. Beide hatten die Fäden noch nicht gelockert, mit denen sie ihre Marionetten bewegten. Es war ein Teil des Nachspiels des Zweiten Weltkriegs, in dem die Sieger sich um Interessengebiete stritten. [...] Dieses Ringen der Großmächte um Hegemonie der Welt wurde kompliziert durch die Unabhängigkeitskämpfe der asiatischen Völker gegen die westlichen Kolonialmächte, gekoppelt mit ideologischen Auseinandersetzungen. Die westlichen Siegermächte rechtfertigten ihre Vorherrschaft in ihren Kolonien mit dem Argument des »Kampfes gegen den Kommunismus«, während die Sowjetunion ebenfalls unter dem Vorwand, ihre Hilfe den kleinen und schwachen Ländern zum Schutz gegen den imperialistischen Kapitalismus zu bieten, ihren Machtbereich zu erweitern strebte. [...] Den Koreanern blieb nur die verbrannte Erde.

Seos zweite Frau Hwang Sun-jo (rechts)

Getrennt

Nach der Heirat hatte Hwang Sun-jo ihre Karriere als Lehrerin aufgegeben, war mit Yeong-hae nach Seoul gezogen und hatte ihn bei seinen Aktivitäten unterstützt, wie es sich für eine koreanische Ehefrau gehörte. Nach dem Koreakrieg kehrte sie als Lehrerin an das Mädchengymnasium in Busan zurück und wurde später als erste Frau Inspektorin an der Schulbehörde von Gyeongnam und ebenfalls als erste Frau von Busan Direktorin mehrerer Mädchengymnasien. Außerdem engagierte sie sich für die Förderung der Mädchenbildung und wurde in Busan Präsidentin der Vereinigung für Frauenfragen. Der Abiturzeitung des Mädchengymnasiums von Gyeongnam zufolge war sie eine Direktorin, die in ihrer offiziellen Position sehr streng war, doch wenn die Schülerinnen auf dem Feld spielten, näherte sie sich ihnen mit großer Zärtlichkeit und erklärte ihnen die Namen der Pflanzen. Die Schülerinnen wussten, dass ihre Direktorin alleine lebte. Wer ihr Mann war, wussten sie nicht.

Nachdem bei Hwang Sun-jo Eierstockkrebs diagnostiziert wurde, entschloss sie sich 1984, den zweiten Sohn von Seo Yeonghaes Bruder, Seo Jo-su, zu adoptieren. Da sie ihren Tod nahen spürte, vermachte sie ihre Bibliothek der Nationalbibliothek in Seoul, 500 Bücher von Seo Yeong-hae und 859 eigene. Es lohnt, einen Blick in Seos Bücherliste zu werfen, um sich seine breit gestreuten Interessen vor Augen zu führen. Neben einer Reihe von Büchern in koreanischer und chinesischer Sprache, deren Titel wir nicht entziffern können, gibt es viele Wörterbücher für die französische, englische und deutsche Sprache, einen Querschnitt durch die europäische Literatur – Goethe, Flaubert, Rousseau, Anatole France, Romain Rolland, Homer, Dante –, einen Querschnitt durch die europäische Geistesgeschichte und Philosophie – Kant, Voltaire, Marx, Bergson, Hegel (auf Deutsch), Aristoteles, Platon, Seneca, Sigmund Freud, Herbert Spencer –, einige Bücher zu naturwissenschaftlichen Themen wie Zellbiologie und Botanik, einige Reiseführer (Wien, Frankreich, Rom, Estland, Lateinamerika, Haiti, Naher Osten) sowie Bücher zu sozial- und religionswissenschaftlichen Themen. Außer einigen Werken von Karl Marx, Friedrich Engels und Leon Blum verweist Seos Bibliothek nicht auf ein besonderes Interesse für Sozialismus und Kommunismus.

Hwang Sun-jo starb im Januar 1985 im Alter von 63 Jahren. Vierzig Jahre lang wartete sie auf ein Lebenszeichen von ihrem Mann. Jahr für Jahr trocknete sie nach der Regenzeit in der Sonne die Bücher und Dokumente, die er zurückgelassen hatte. Wiederholt wurde sie von ihrer Familie ermuntert, wieder zu heiraten, doch davon wollte sie nichts wissen. Wenn sie traurig war, hörte sie Solveigs Lied aus der norwegischen Oper »Peer Gynt« von Edvard Grieg mit dem Text von Henrik Ibsen. Immer und immer wieder.

> Das Laub, eh es fällt, leuchtet feuerbunt und schön,
> leuchtet feuerbunt und schön.
> Die lange kalte Nacht wird wohl irgendwie vergehn,
> sie wird irgendwie vergehn.
> Ich werde auf dich warten, egal wo du grad bist,
> egal wo du grad bist.
> Zurückkehr'n kann nur der, der einmal fortgezogen ist,
> der fortgezogen ist.
> Gespeist von Bach und Quell mündet jeder Strom ins Meer,
> mündet jeder Strom ins Meer.
> So führt dich jeder Pfad, jede Straße zu mir her,
> jede Straße zu mir her.
> Dieselbe Sonne wärmt uns, egal an welchem Ort,
> egal an welchem Ort.
> Und bist du schon im Himmel, so treffen wir uns dort,
> so treffen wir uns dort.

Während Hwang Sun-jo auf ihren Mann wartete, unterrichtete dieser ab 1948 in Shanghai an der Inseong-Schule, einer 1916 gegründeten Schule für koreanische Kinder, die 1935 von Japan geschlossen und nach der Befreiung 1946 wieder geöffnet wurde. Warum er niemals mit seiner Frau Kontakt aufnahm, ist auch dem Autor Jung ein Rätsel. Normal verlief der Postverkehr zwischen der Volksrepublik China und der Republik Korea nur bis Oktober 1949, wenn auch wegen des Bürgerkriegs nicht reibungslos. Danach wurde es bis in die späten 1980er schwierig. Diplomatische Beziehungen zwischen beiden Staaten wurden erst 1992 normalisiert. Jedoch war Seo nicht der Einzige, der Verwandte und Freunde in Südkorea hatte. Viele Koreanerinnen und Koreaner blieben in der Mandschurei und in Festlandchina, während Familienmitglieder nach Südkorea zurückkehrten. Meistens erfolgte die Kommunikation über das Rote Kreuz oder indirekt über die Hilfe von Ausländerinnen und Ausländern. Der internationale Postverkehr war zwar nicht »unterbrochen«, doch wurde er von den beiden autoritären Regimen genau überwacht. Vielleicht meldete sich Seo Yeonghae nicht, um sich und seine Frau nicht zu gefährden.

Fragen bleiben dennoch offen. Selbst meine jüdischen Großeltern konnten aus dem Warschauer Getto meinen Eltern in England über das Rote Kreuz eine Nachricht zukommen lassen. Sie war zwar nicht besonders aussagekräftig, aber immerhin ein Lebenszeichen.

1957 oder 1958 ging Seo gemeinsam mit dem Direktor der Inseong-Schule nach Nordkorea. Es war die Zeit der »Hundert-Blumen-Bewegung« in China. In einer Rede im April 1956 vor einer Gruppe von Parteiführern stellte Mao Tse-tung die Forderung »Lasst hundert Blumen blühen, lasst hundert Schulen miteinander wetteifern«. Mao wollte das Meinungsmonopol nicht mehr der Partei allein überlassen, auch das Volk sollte frei sein, Vorteile und Missstände des Systems aufzuzeigen. Diese Rede wurde jedoch nicht veröffentlicht. Erst gegen Ende April 1957 wurde in der Presse deutlich gemacht, dass konstruktive kritische Äußerungen erwünscht seien. Die Kritik, die sich daraufhin erhob, zeigte, dass das chinesische Volk keineswegs so zufrieden und glücklich war, wie es die Propaganda vermuten ließ. Die Unmutsäußerungen wiesen auf eine große Unzufriedenheit in der Bevölkerung hin und gingen über die von Mao erwünschte gesittete, konstruktive, intellektuell-akademische Systemdiskussion hinaus. Die Kritik wurde nicht nur auf der Straße und in Zeitungen vorgetragen, es tauchten auch die später durch die Kulturrevolution bekannten Plakate und Wandzeitungen auf. Kritisiert wurden viele Entwicklungen der vorangegangenen Jahre: Parteikader wurden als korrupt, arrogant und ungebildet angeprangert; es wurde beanstandet, dass die ihnen zugestandenen Vorrechte eine neue privilegierte Schicht entstehen ließen; die bäuerliche Bevölkerung wehrte sich gegen die Einführung der Kooperativen; Arbeiterinnen und Arbeiter kritisierten das bestehende Lohnsystem; Minderheiten sprachen sich über ihre verordnete Zugehörigkeit zur Volksrepublik aus; Intellektuelle verwiesen auf das undemokratische Wahlsystem, die allgemeinen Repressalien, das Verbot ausländischer Literatur bzw. den eingeschränkten Zugang zu ihr, die starke Anlehnung an das wirtschaftliche System der Sowjetunion und die schlecht durchdachte Agrarpolitik. Obwohl niemand die Abschaffung des Systems forderte, sah die Parteiführung in der plötzlich nicht mehr kanalisierbaren Kritik eine unmittelbare Bedrohung. Das Ende der Bewegung kam abrupt und wurde mit der Veröffentlichung von Maos Rede vom 27. Februar 1957 eingeläutet. Diese machte klar, was im Rahmen der Aufforderung zu Kritik erwünscht war: lediglich das, was den Sozialismus auf seinem Weg weiterbringen und stärken würde. Damit riss die Partei die Deutungshoheit wieder an sich. Durch die Ausrufung der nun folgenden »Anti-Rechts-Bewegung« wurde die »Hundert-Blumen-Bewegung« mit Gewalt gestoppt, und viele Kritikerinnen und Kritiker wurden in Arbeitslager verbannt.

Für Intellektuelle – und darunter fielen auch Lehrerinnen und Lehrer – wurde es ungemütlich in China, umso mehr, wenn sie koreanischer Abstammung waren, also einer Minderheit in China angehörten. Koreanisch wurde nicht mehr an Schulen unterrichtet. Seo und der Schuldirektor verloren ihre Stellung. Viele koreanische Exilierte übersiedelten in dieser Zeit nach Nordkorea, das im Vergleich zu China damals liberaler war, auch wenn man sich das heute kaum vorstellen kann. Sie wurden von Kim Il Sung eingeladen, am Aufbau des Landes mitzuwirken. Nach dem Krieg profitierte Nordkorea von der materiellen Unterstützung durch China und vor allem durch die Sowjetunion. Der Dreijahresplan (1954–1956) reparierte die durch den Krieg entstandenen Schäden und brachte die Industrieproduktion wieder auf Vorkriegsniveau. Der folgende Fünfjahresplan (1957–1961) brachte ein weiteres Wachstum der

Medaille und Dokument, Seos Ernennung zum Helden, 1995

Produktion und eine Entwicklung der Infrastruktur. Bis 1969 war Nordkorea wirtschaftlich dem politisch und ökonomisch instabilen Süden überlegen.

In Pjöngjang arbeitete Seo als Redakteur und Reporter eines Magazins. Er lebte getrennt von der nordkoreanischen Bevölkerung mit etwa 30 oder 40 anderen Südkoreanern in einer Bergregion in der Nähe der Hauptstadt und war nach Aussage von Autor Sang Chun Jung eine angesehene Person mit Kontakten zu hochrangigen Politikern. Mehr ist über sein Leben im Norden nicht bekannt. Auch nicht, warum er möglicherweise in Ungnade fiel. Als eine Delegation der Kommunistischen Partei Frankreichs Nordkorea besuchte, kehrte sie mit der Information zurück, es gebe dort einen Koreaner, der besser Französisch spreche als viele Französinnen und Franzosen.

In den über das Internet zugänglichen Archiven Nordkoreas findet sich Seo Yeong-haes Name nicht. Eine aus Nordkorea in den Süden geflüchtete Journalistin sagte Sang Chun Jung, er sei zusammen mit dem Direktor der Shanghaier Schule 1960 erschossen worden. Beweise gibt es keine. Es war die Zeit, als Kim Il Sung seine Herrschaft festigte und sich der Ausländerinnen und Ausländer in seinem Land entledigte.

Von links nach rechts: Suzie, Frieda und Stefanie Wong, 2019

Was bleibt?

Was bleibt, sind die Gene: zwei Enkeltöchter mit dunklen Haaren und Augen, denen koreanisches Essen schmeckt. Und eine Urenkelin. Insbesondere Suzie hat die braune Haut ihres Großvaters geerbt. Was bleibt, ist eine neue Verwandtschaft am anderen Ende der Welt. Und ein neu erwachtes Interesse an einer Weltgegend, die bislang außerhalb der Wahrnehmung der beiden Wiener Schwestern lag. Trotz ihres Namens hatte sich Suzie nie besonders für Asien interessiert. Zwar war sie stets neugierig gewesen, wer denn dieser koreanische Großvater eigentlich war, aber für eine emotionale Verbindung zu ihm und seinem Heimatland reichte es nicht. Gerade wegen ihres exotischen Namens hatte sie stets das Wienerische an sich betont, ebenso wie ihr Vater, der das Spannungsverhältnis zwischen seinem koreanischen Vater, seinem chinesischen Namen, seiner chinesischen Staatsbürgerschaft und seiner österreichischen Existenz ironisch gewendet als Ur-Wiener inszenierte.

Stefanies Reise nach Paris

2016 wurden die beiden Schwestern vom Pariser Institute of Korean Studies zu einem Symposium über die koreanische Unabhängigkeitsbewegung eingeladen, auf die sie der Journalist Won Heui-bog bereits aufmerksam gemacht hatte. Suzie konnte nicht fahren, weil sie sich einer Operation unterziehen musste. Also unternahm Stefanie die Reise nach Paris alleine, mit geringen Französischkenntnissen und wenig Ahnung, was sie dort erwarten würde. Die Konferenz erstreckte sich über zwei Tage, und am dritten Tag besuchte man im Rahmen einer Stadtrundfahrt auch Seos Domizil in der rue Malebranche 7 im Quartier Latin, das heute ein Hotel ist. Die Vorträge fanden in französischer und koreanischer Sprache statt, für Stefanie ein harter Brocken.

In der Pause stellte sie sich der Professorin vor, die sie eingeladen hatte. Diese nahm Stefanie an die Hand und führte sie zu vier gepflegten älteren Damen. Als diese erfuhren, dass die junge Frau aus Wien wie sie eine Heldenenkelin war, umarmten sie sie mit Tränen in den Augen. Sie waren weitgereiste Geschäftsfrauen, die gut Englisch sprachen und Stefanie als jüngste Heldenenkelin sofort ins Herz schlossen. Sie nannten sie »little chicken«. Stefanie, die mit keinen Vorkenntnissen über die Geschichte Koreas nach Paris gereist war, begann allmählich, die historische Tragweite ihrer Herkunft zu begreifen. Diese vier Damen und sie selbst hatten Großväter, die vor hundert Jahren gemeinsam für die Freiheit Koreas gekämpft hatten. Deren Andenken galt es hochzuhalten. Diese gemeinsame historische Verantwortung verbindet. Stefanie erinnerte sich plötzlich an einen vergessenen koreanischen Freund aus der Studienzeit, dessen Eltern in Wien ein koreanisches Restaurant betrieben. Als sie erfuhren, dass Stefan der Sohn eines Koreaners war, waren sie außer sich vor Begeisterung und begrüßten ihn jedes Mal liebevoll wie einen verlorenen Sohn. Im Restaurant der Eltern ihres Freundes lernte Stefanie das koreanische Essen zu lieben. Der Umstand, dass den beiden Schwestern koreanisches Essen so sehr schmeckt, ist für ihre Familie in Seoul ein Hinweis darauf, dass die koreanischen Gene ihre Spur ziehen. Bis ins dritte Glied.

In Paris lernte Stefanie auch Laurent Quisefit kennen, einen französischen Koreanisten, der für die Geschichte ihres Großvaters brennt. Stefanie erkannte nun, dass über Seo Yeong-hae auch international geforscht wird und dass dieser bescheidene Mensch in der Tat ein Held war – eine Bezeichnung, die für die junge Österreicherin eher befremdlich klingt.

Suzies erste Reise nach Korea

Es war ein aufregendes Unterfangen. 2017 luden Suzies Großcousine, Seo Hye-sug, und ihr Mann Suzie ein, drei Wochen bei ihnen in Seoul zu verbringen, ihre erste Reise in ein asiatisches Land. Gerne wäre sie mit ihrer Schwester dorthin geflogen, aber Stefanies Tochter Frieda wurde gerade eingeschult und durfte in dieser wichtigen Lebensphase nicht alleingelassen werden. Suzie reiste 2017 nicht nur in ein asiatisches Land, sie reiste auch zu ihrer Familie. »Werden wir merken, dass wir Familie sind?«, fragte sie sich. Woran merkt man eigentlich, dass man Familie ist, wenn man in zwei vollkommen verschiedenen Kulturen aufgewachsen ist und alle Beteiligten schon die Lebensmitte überschritten haben? Anders als ich, die ich eine große Familie in Australien habe, war Suzie auch davor nie mit ihrer Familie in Kontakt gewesen.

Das verbindende Element war vorerst die Person Seo Yeong-hae. An diesem Vorfahren, den alle nicht kennengelernt hatten, waren sie in gleicher Weise interessiert. Dass Hye-sug die Tochter des Onkels von Suzies Vater ist, ließ eine emotionale Verbindung entstehen, erst abstrakt, dann – schon nach der ersten Begegnung am Flughafen von Seoul – auch konkret. Hye-sug und ihr Mann Gi-yeong, den Suzie »Mr. Kim« nennt, erwiesen sich als zwei bezaubernde Menschen, deren ähnliche politische Einstellung half, die Sprachbarrieren zu überwinden. Am Ende hatten sie auch gelernt, eine gemeinsame, emotional geprägte Sprache zu finden, die ihnen bei der Verständigung half. Mr. Kims schauspielerisches Talent trug dazu bei. Die Familie wohnt in einer 70 m^2 großen Wohnung in einer der riesigen Wohntürme Seouls, und Suzie teilte sich das Zimmer mit Hye-sug und deren kleiner Tochter. Das war spannend, denn sie wussten ja nicht, wie sie miteinander zurechtkommen würden.

»Nach zwei Wochen«, erzählt Suzie,

> habe ich begriffen, dass in Südkorea alles anders ist: die Sprache, die Rituale, die Ästhetik in Kunst und Architektur, das Essen, die Geistesgeschichte mit ihren deutlich spürbaren buddhistischen Einflüssen, die Verhaltensweisen im gesellschaftlichen Umgang, die Art der Kommunikation.

Und doch entstand eine Verbindung, ein Einverständnis auf einer intellektuellen und bald auch sinnlichen Ebene, die all diese Unterschiede überwinden half. Innerhalb kurzer Zeit löste sich das anfängliche Fremdheitsgefühl auf. Sie waren sich einig, dass Seo Yeong-hae ein herausragender, sprachbegabter, hochpolitischer und pazifistisch eingestellter Mensch war, der sein Leben lang für ein freies Korea gekämpft hatte und letztlich nicht nur Opfer seiner Landsleute im Norden wurde, sondern auch des Kalten Krieges. Was für eine Tragik!

Suzies Terminkalender war während ihres dreiwöchigen Aufenthalts mit mehreren Terminen täglich dermaßen angefüllt, dass sie froh über jede Stunde war, die sie mit sich selbst verbringen konnte, um die vielen Eindrücke und Erkenntnisse auch nur ansatzweise zu verarbeiten. Viel Zeit verbrachte sie mit der Familie und mit Freundinnen und Freunden der Familie, die sie durch die Stadt führten. Von besonderem Reiz war das koreanische Essen, zu dem Suzie ohne Unterlass eingeladen wurde. »Ich war nur am Essen«, erinnert sich Suzie und schickte mir Fotos von überquellenden Tischen. Seoul ist eine riesige Stadt, und die Wienerin musste sich zeitlich umorientieren. Um von einem Punkt zu einem anderen zu gelangen, musste man trotz eines hervorragenden U-Bahn-Netzes anderthalb bis zwei Stunden einplanen. Wichtige Termine waren die Begegnungen mit anderen Heldenenkelinnen und -urenkelinnen, von denen jede einzelne Suzie ein Stück ihres Lebens in Seoul näherbrachte. Seit über fünfzehn Jahren kämpfen diese wackeren Frauen um die Schaffung eines Museums über die koreanische Exilregierung in Shanghai, in der natürlich Seo Yeong-hae, der auch in Korea erst seit Kurzem bekannt gewordene Freiheitsheld, seinen Platz haben würde. Und sie sind erfolgreich. Die Regierung hat zugesagt, ein solches Museum zu errichten. Der Baugrund ist bereits gesichert.

Mit einigen dieser Damen hatte Suzie ein leichtes Spiel, weil sie im Vorjahr ihre Schwester Stefanie in Paris kennengelernt hatten und von ihr bezaubert waren. Das Zusammengehörigkeitsgefühl mit den Heldenenkelinnen oder Granddaughters, wie sie sich nennen, entstand auch dadurch, dass ihre Großväter gemeinsam für ein freies Korea gekämpft und einige von ihnen gewiss auch Seo Yeong-hae gekannt hatten. Mit einer Heldenenkelin besuchte Suzie die Nationalbibliothek von Seoul, in der sich Seo Yeong-haes Privatbibliothek mit Hunderten seiner Bücher befindet – viel politische und philosophische Literatur in mehreren Sprachen und diverse Bücher über Kunst, die er sich wohl in der kurzen Zeit seiner Ehe mit Elizza angeschafft hatte.

Mit der Familie fuhr Suzie auch in die Hafenstadt Busan im Süden des Landes, dem Geburtsort ihres Großvaters. Dort, wo einst im chinesischen Viertel das Haus der Familie Seo stand, ist heute ein kleines chinesisches Restaurant. In Busan traf Suzie einige andere Familienmitglieder. Allen ist es wichtig, dass Seo Yeong-hae von der Regierung zum Helden erklärt wurde, ein Patriotismus, der Suzie nach wie vor fremd ist, auch wenn sie mittlerweile versteht, dass ein Held, der für die Befreiung Koreas von jahrzehntelanger japanischer Herrschaft gekämpft und sein Leben dafür riskiert hat, etwas anderes ist als ein Held in Österreich. Suzie begriff, dass sie allen Grund hat, stolz auf ihren Großvater zu sein, der in seiner Bescheidenheit ihrem Vater ähnelte, Wichtigtuer nicht leiden konnte und sich nie in den Vordergrund drängte.

Das koreanische Fernsehen in Wöllersdorf

Im Zuge der Vorbereitungen auf den hundertsten Jahrestag des Aufstands der Studenten und Studentinnen gegen die japanische Besatzung und des Beginns des koreanischen Unabhängigkeitskampfes verstärkten sich 2018 und 2019 die medialen Aktivitäten in Korea. Durch eine glückliche Fügung tauchte gerade rechtzeitig ein Teil von Seo Yeong-haes Nachlass auf. Ein Arbeitskollege seiner zweiten Frau Hwang Sun-jo hatte ihn von der schwerkranken Kollegin übernommen und 2018 dem Museum in Busan übergeben. Damit konnte das Museum für das Jubiläumsjahr eine Ausstellung über Seo mit einem reich bebilderten Katalog zusammenstellen. Mr. Kim gelang es auch, in Busan einen kleinen Verlag zu finden, der eine Biografie von Seo herausgeben wollte. Der Historiker Sang Chung Jung fand sich bereit, diese Aufgabe rechtzeitig für das Gedenkjahr 2019 zu übernehmen. Im Juni 2019 konnte das Buch im Wiener Korea Kulturhaus in Anwesenheit des Autors, Mr. Kims, des Verlegers und dessen Ehefrau vorgestellt werden. Die schwere österreichisches Küche erwies sich für die koreanischen Wien-Besucherinnen und -Besucher als körperliche Herausforderung. Seit dieser Zeit haben Suzie und Stefanie eine gewisse Nähe zu einzelnen Personen in der koreanischen Community in Wien gefunden.

Mit einem Mal ist der private Held der Familie Wong in Südkorea zu einer Berühmtheit geworden. Und auch anderswo: Im Herbst 2020 erschien Sang Chung Jungs Buch in malaysischer Sprache.

Im Vorfeld der Feierlichkeiten nahmen drei Personen des großen südkoreanischen Fernsehsenders MBC im Januar 2019 Kontakt mit Suzie auf, weil man eine Dokumentation über die Vorfahren der Heldenenkelinnen plante. Ungefähr zwölf Personen wollten zum Dreh nach Österreich kommen. Suzie, die in Wien in einer winzigen Wohnung lebt, aber in Wöllersdorf in Niederösterreich ein geräumiges Wochenendhaus gemietet hat, beschloss, den Dreh dorthin zu verlegen. Am 18. Februar kamen nicht zwölf, sondern 35 Leute in einem gemieteten Reisebus aus Wien angereist: Tontechniker, Kameraleute, Fotografen, Visagistinnen, Organisatorinnen, Schauspieler und Moderatoren. Neben drei in Korea berühmten Filmschauspielerinnen und -schauspielern fungierte Daniel Lindemann als Moderator und Übersetzer – ein hierzulande unbekannter deutscher Schauspieler und Koreanist, der in Südkorea ein TV-Star geworden ist. Als Stefanie ein Selfie mit ihm machte, konnte es ihre koreanische Familie kaum fassen, dass sie tatsächlich die Bekanntschaft dieses berühmten Schauspielers gemacht hat. Das Team spielte Suzie und Stefanie eine Videobotschaft von Seo Hye-sug vor, die Suzie zu Tränen rührte. Der südkoreanische Star Son Hyeon-ju überreichte Suzie und Stefanie am Ende des siebenstündigen Drehs die Einladung des südkoreanischen Staates zu den 100-Jahr-Feierlichkeiten in Seoul, selbstredend mit einer formvollendeten Verbeugung, welche die beiden vielleicht nicht ganz so formvollendet erwiderten. Alle waren gerührt.

Suzies zweite Reise nach Korea

Im April 2019 flogen Suzie und Stefanie zu den 100-Jahr-Feierlichkeiten nach Seoul, und nun lernte auch Stefanie ihre Familie kennen. Auch sie merkte bald, wie gut Suzie und sie zu Hye-sug und ihrem Mann Mr. Kim passten, deren politische Einstellung und ihr lockerer Lebensstil weit weniger konservativ sind als bei vielen anderen Koreanerinnen und Koreanern.

Das Helden- und Veteranenministerium hielt ein dichtes Programm für sie bereit, in das sie Treffen mit der Familie und dem Autor Sang Chun Jung einpassen mussten. Es war nicht leicht, den freundlichen Mitarbeiterinnen und Mitarbeitern des Ministeriums klarzumachen, dass sie nicht an allen Programmpunkten

Die koreanische Filmcrew (MBC)
in 3053 Wöllersdorf, Niederösterreich, 2019

teilnehmen konnten. Hye-sug musste kommunikativ nachhelfen. Streckenweise war den beiden Frauen alles zu viel. Eingeladen waren Nachkommen aus aller Welt, deren Vorfahren den Heldenstatus genießen, ungefähr 103 Personen, die im Hotel Ambassador untergebracht wurden: aus den USA, China, Russland, Kasachstan, Australien, Japan, Mexiko, Kuba und den Niederlanden. Und dann eben Suzie und Stefanie aus Österreich, was für einige Verwirrung sorgte, weil Seo Yeong-haes Exilland ja Frankreich gewesen war. Es gibt acht verschiedene Klassen von Helden, denen für ihr Leben und ihre Taten posthum Medaillen verliehen wurden. Seo Yeong-hae wurde die Patriotic Medal verliehen, was einer »unteren Heldenklasse« entspricht, worüber seine Familie und Autor Jung alles andere als glücklich sind. Bald wurde offensichtlich, dass in der Gruppe der Heldennachkommen Hierarchien bestehen. Die bekannten Freiheitskämpfer, die über einen höheren Heldenstatus verfügen, waren die Stars unter den Nachkommen, beispielsweise der Sohn von Ahn Chang-ho oder die Nachkommen von Kim Gyu-sik. Anders als Suzie und Stefanie sahen fast alle koreanisch aus und beherrschten die Landessprache.

Museum in Busan, Ausstellung über Seo Yeong-hae, 2019

Am 11. April, also am Tag des großen Festtags, flogen die Schwestern nach Busan zu einer Art Preview der Ausstellung über Seo Yeong-hae, die am Abend eröffnet werden sollte. Sie wurden herzlich begrüßt von den drei Kuratoren und dem Museumsdirektor Song Yi-chung, der es als große Ehre empfand, die beiden Heldenenkelinnen aus Österreich durch die innerhalb kurzer Zeit zusammengestellte Ausstellung zu führen. Schon das gigantische Entrée mit Bannern, Fahnen und dem riesigen Konterfei von Seo Yeong-hae machte Eindruck. Die großräumige Ausstellung zeigte Fotos von Seo aus der Schulzeit, den Schreibtisch aus seiner Wohnung in der rue Malebranche mit einigen Büchern auf einem Schubladenschrank, diverse Dokumente aus Seos Leben und Wirken, Aufzeichnungen in seiner Handschrift, den Pariser Presseausweis, und – unter Glas – seine Underwood-Schreibmaschine. Zu erleben, wie ihr Großvater von allen Wänden auf sie herabschaute, ließ Suzie und Stefanie feierlich erschauern, auch wenn ihnen das Getue um sie als »Heldenenkelinnen« doch ein wenig peinlich war. Und am Ende der Ausstellung gab es schließlich auch noch Fotos von Stefan, Suzie, Stefanie und der kleinen Frieda im traditionellen Hanbok, den ihr Suzie von ihrer ersten Reise mitgebracht hatte.

In Busan gibt es noch mehrere Mitglieder der großen Seo-Familie, die sie in der kurzen Zeit nicht treffen konnten. Alle paar Jahre findet eine große Familienzusammenkunft statt. Das erinnert mich an meine eigene australische Familie mit polnisch-jüdischen Wurzeln. Regelmäßig schicken sie mir Fotos von ihren Zusammenkünften, auf denen immer mehr Menschen zu sehen sind, denn es sterben weniger, als geboren werden. Die Fotos sehen ähnlich aus wie die 1947 aufgenommenen Fotos von Yeong-hae mit seiner Verwandtschaft. Im Vergleich zu ihnen bin ich ganz allein.

Nach dem Ausstellungsbesuch ging es für die Schwestern eilig zurück zum Flughafen und nach Seoul, wo der große Festakt zum hundertsten Jahrestag der Befreiungsbewegung mit Tausenden Besucherinnen und Besuchern und dem kleinen Grüppchen der Heldennachkommen auf sie wartete. Es wurde ein bombastisches Ereignis, das bestimmt nicht allen gefiel, aber die Organisationsleistung war bewundernswert. Über 100 Personen aus aller Welt wurden eingeflogen und untergebracht. Die große Fotoausstellung im MBC-Tower mit dem Titel »Coming Home« und der üppige Katalog enthielten sehr persönliche und berührende Fotos aller Nachkommen der Freiheitshelden, darunter schöne Bilder von Suzie und Stefanie, die in Wöllersdorf aufgenommen worden waren.

Ein Programmpunkt war eine Fahrt an die Grenze zu Nordkorea, an die Demilitarisierte Zone DMZ, und nach Dorasan, der letzten Bahnstation in Südkorea auf dem Weg nach Norden. Es ist ein komplett neuer, unbenützter Geisterbahnhof, der den Eindruck vermittelt, man müsse nur einen Hebel umlegen und schon würde es abgehen nach Pjöngjang, der Hauptstadt Nordkoreas. Es gibt digitale Ankündigungstafeln, Ticketautomaten, Informationsschalter, mehrere Gleise, und alles blitzt und funkelt. Alles ist für die Wiedervereinigung vorbereitet. Es war unheimlich, doch »ich bin froh, diese DMZ gesehen zu haben«, resümiert Suzie. »Es wimmelt dort von Touristen und Bussen. Die Leute verhalten sich wie auf einem Jahrmarkt, lachen, laufen umher, amüsieren sich, essen Eis. Ich fand es abstoßend.« Auch Stefanie fuhr mit einem Kloß im Hals dorthin. Sie dachte an die vielen tragischen Schicksale, die die gewaltsame Trennung der beiden Koreas hinterlassen hat. Und

Bahnhof Dorasan in Südkorea an der Grenze zu Nordkorea, 2019

an die Millionen Toten. Es herrschte eine Stimmung wie in einem Vergnügungspark. Wie an der Mauer im zweigeteilten Berlin kann man von einem Aussichtsareal hinüberschauen in die beiden Dörfer diesseits und jenseits der Grenze, in denen vor allem Bäuerinnen und Bauern leben. In der Vergangenheit gab es einen Wettstreit, welches Dorf den höheren Fahnenmast aufzuweisen hatte. Derzeit ist es das nordkoreanische Dorf, dessen Fahnenmast 160 m hoch ist.

Nachwort

In der koreanischen Märchen- und Fabelwelt gibt es ein Wesen, das »Dokkaebi« genannt wird, ein menschenähnlicher Kobold oder Waldschrat. Die Dokkaebi sind Naturgötter oder Geister, die über außergewöhnliche Kräfte und Fähigkeiten verfügen und daran gewöhnt sind, mit Menschen zu interagieren. Mit ihnen treiben sie manchmal Schabernack und manchmal helfen sie ihnen. In den Legenden nehmen sie verschiedene Gestalt an, aber oft tragen sie die koreanische Tracht Hanbok und heißen meistens Kim – wie die drei Generationen nordkoreanischer Führer.

Ob ein koreanischer Waldschrat auch in einer Großstadt auftauchen kann, wissen wir nicht. Seo Yeong-haes Monsieur Kim müsste sich in der rue Malebranche zeigen, denn dort fühlte sich Seo schließlich zu Hause. Gewiss hätte er sich wieder in dieser Gegend niedergelassen, hätten er und seine Frau es nach Paris geschafft. Irgendwann würde sich in tiefer Nacht ein bläulicher Lichtschein durch die rue Malebranche schlängeln, und aus dem Schatten würde sich Monsieur Kim lösen, nicht im Hanbok, sondern im dunklen Anzug mit Krawatte. Für uns wäre sein Erscheinen die einmalige Gelegenheit, ihm Fragen zu stellen.

Wir würden ihn fragen, warum er von Shanghai aus nie mit Hwang Sun-jo Kontakt aufnahm. War damals wirklich keine Korrespondenz zwischen China und der Republik Korea möglich? Oder war ihm die arrangierte Ehe immer schon lästig gewesen, und er war froh, sich seiner Ehefrau auf so unschuldige Weise entledigt zu haben? Falls er nicht allzu innig an Hwang Sun-jo hing, warum ging er nicht ohne sie nach Paris? Oder war das dann nicht mehr möglich? Und was war mit Elisabeth? Wusste er wirklich nicht, dass sie ein Kind von ihm erwartete? Bestimmt hätte er mit ihr Kontakt aufgenommen, hätte er von der Existenz seines Sohnes gewusst. Die Familie hat in Korea einen großen Stellenwert.

Gerne hätten wir über Yeong-hae und Elisabeth, aber auch über Yeong-hae und Sun-jo ein Drama geschrieben, wie es die südkoreanischen TV-Serien so hervorragend machen. Immerhin hatten die politischen Lebensumstände rund um beide Liebesgeschichten das Zeug dazu. Doch scheint Seo Yeong-hae kein Romantiker in Liebesdingen gewesen zu sein, eher ein Besessener für die Romantik der Freiheit. Seine Leidenschaft für ein unabhängiges, vereintes Korea muss ihm während des Koreakriegs, der ja schließlich auch ein Bruderkrieg war, großes Leid zugefügt haben.

Und warum ging er nach Nordkorea? War es eine romantische Entscheidung? Getrieben von der Hoffnung, trotz alledem am Aufbau eines demokratischen Staates mitwirken und für die Wiedervereinigung der beiden Koreas wirken zu können? Oder war es die Sehnsucht, wenn schon nicht in seiner Heimatstadt, so doch in einem Korea zu leben? Ahnte er nicht, dass einer wie er, der immer gradlinig seine Meinung sagte, für einen wie Kim Il Sung auf Dauer untragbar sein würde? Ebenso wie er für Syngman Rhee untragbar war. Wusste er nicht, dass in der Zeit, als er sich für die Umsiedelung nach Nordkorea entschied, Kim begann, die Zügel zu straffen und Nordkorea immer stärker in die Isolation zu treiben?

Liebe Dokkaebi: Wie wurde Yeong-hae hingerichtet? Durch ein Exekutionskommando? Durch Erhängen? Enthauptung? Öffentlich vor einer Menschenmenge, die gezwungen wurde, dabei zuzuschauen? Oder verschwand er als Intellektueller und Ausländer – also als Angehöriger der »feindlichen Klasse« – in eines der entlegenen Gefangenen- und Zwangsarbeitslager, um nie wiederaufzutauchen? Ach, Monsieur Kim, gerne hätten wir Antworten auf diese Fragen. Und wie gern würden wir Ihnen Ihre Enkelinnen vorstellen. Darüber würden Sie sich doch gewiss freuen, Monsieur Kim.

Da es im wirklichen Leben keine Dokkaebi gibt, kann nur die historische Forschung weiterhelfen. Und die auch nur, wenn das nordkoreanische Regime eines Tages seine Archive öffnet. Doch zu viele Verbrechen wurden von der Führungselite begangen, um sich eine freiwillige Öffnung in nächster Zukunft vorstellen zu können. Alles, was wir tun können, ist, in einem lückenhaften Buch an Seo Yeong-hae zu erinnern, an diesen wahrhaft aufrechten Kämpfer gegen den Faschismus in Europa und für die Freiheit in

Frieda Wong im traditionellen koreanischen Hanbok, 2018

seinem geschundenen Heimatland. Wahrlich unabhängig wird es erst sein, wenn die beiden Koreas – im Sinne unseres Helden – zu einem einzigen Land verschmelzen. Doch das kann dauern. Auch die außergewöhnlichen Kräfte der Dokkaebi werden da nichts ausrichten können.

Seo Yeong-haes Urenkelin Frieda wird es vielleicht erleben.

Verwendete Bücher und Artikel

Byun-Brenk, Won-Lim: Der Präventivkrieg Amerikas in Korea 1950. – Thunum/Ostfriesland: Edition Peperkorn, 2005

Choe, Chong-dae: Unsung independence activist. In: The Korea Times, 16. April 2019

Hoffmann, Frank: Berlin Koreans and Pictured Koreans. – Wien: Praesens Verlag 2015

Hwang, Sok-yong: Familiar Things. – Brunswick/Australia: Scribe Publications 2017

Jung, Sang Chun: Un militant pour l'indépendance de la Corée à Paris oublié, Seo Young-hae. (Erschienen auf Koreanisch 2019; die vom Autor angefertigte französische Übersetzung ist unveröffentlicht.)

Kim, Koo: Das Tagebuch von Baekbeom. Übers. v. Kim Young-ok. – Hamburg: Abera, Neuaufl. 2002

Kyung, Moon Hwang: A History of Korea. – London: palgrave 2017

Lankov, Andrei: Crisis in North Korea. The Failure of De-Stalinization, 1956. – University of Hwaii Press 2003

Lankov, Andrei/Dodgson, Jennifer: Tigers and Bears. Saying the Unthinkable about Korea's Unification. – Seoul: NK News 2016

Li, Jin-Mieung: La France et les mouvements d'indépendance du Gouvernement provisoire de Corée (1919–1945)

Maull, Hanns W./Maull, Ivo M.: Im Brennpunkt Korea. – München: C.H. Beck 2004

Némirovsky, Irène: Suite française. – Paris: Èditions Denoël 2004

Park, Wan-su: Who Ate Up All the Shinga? Weatherhead Books on Asia. – Columbia University Press 2009

Quioefit, Laurent: L'écho mèdiatique d'une action »terroriste« en contexte colonial. L'attentat coréen à Shanghai (1932), entre indifférence et réprobation. In: Les temps des médias Nr. 32, Frühjahr 2019

Romero, Alberto: España está un poco mal. – Santiago de Chile: Ercilla 1938

Seu, Ring-Hai: Autour d'une Vie Coréenne. – Paris: Eigenverlag 1929

Seu, Ring-Hai: Miroir, Cause de Malheur! – Paris: Editions E. Figuièr 1934

Seu, Ring-Hai: L'axe Berlin – Rome – Tokio. In: Regards, 8.5.1937

Seu Ring-Hai, A Single Independence Activist, Providing Enlightenment of Korea's Plight to Europe. Hrsg. v. Busan Museum 2019

Wein, Roland: Die Rolle der Provisorischen Regierung der Republik Korea (1919–1945) in der koreanischen Unabhängigkeitsbewegung. – Dissertation 1993

Bildnachweis

Cover	© Michael Ascher, Nachlass Stefan Wong, Privatbesitz
S. 14	© Suzie Wong
S. 16	© Suzie Wong
S. 17	Fotografin unbekannt, Privatbesitz
S. 20	© Valerie Simonnet, Paris
S. 22	Nachlass Karl Bräuer, Privatbesitz
S. 32	Nachlass Seo Yeong-hae, © Busan Museum
S. 32	Nachlass Stefan Wong, Privatbesitz
S. 38	Nachlass Seo Yeong-hae, © Busan Museum
S. 39	Nachlass Seo Yeong-hae, © Busan Museum
S. 58	Nachlass Seo Yeong-hae, © Busan Museum
S. 63	Nachlass Seo Yeong-hae, © Busan Museum
S. 68	Scan Suzie Wong
S. 69	Nachlass Seo Yeong-hae, © Busan Museum
S. 78	Nachlass Seo Yeong-hae, © Busan Museum
S. 79	Nachlass Seo Yeong-hae, © Busan Museum
S. 82	Nachlass Seo Yeong-hae, © Busan Museum
S. 84	Nachlass Seo Yeong-hae, © Busan Museum
S. 85	Nachlass Seo Yeong-hae, © Busan Museum
S. 87	Nachlass Seo Yeong-hae, © Busan Museum
S. 97	Nachlass Seo Yeong-hae, © Busan Museum
S. 109	Nachlass Stefan Wong, Privatbesitz
S. 110	Nachlass Stefan Wong, Privatbesitz
S. 114	© Aktionsradius Wien, Uschi Schreiber
S. 118	Nachlass Stefan Wong, Privatbesitz
S. 118	Nachlass Stefan Wong, Privatbesitz
S. 123	Nachlass Stefan Wong, Privatbesitz
S. 125	Nachlass Stefan Wong, Privatbesitz
S. 125	Nachlass Stefan Wong, Privatbesitz
S. 126	Nachlass Stefan Wong, Privatbesitz
S. 126	Nachlass Stefan Wong, Privatbesitz
S. 133	© Michael Ascher, Nachlass Stefan Wong, Privatbesitz
S. 136	© Michael Ascher, Nachlass Stefan Wong, Privatbesitz
S. 137	© Michael Ascher, Nachlass Stefan Wong, Privatbesitz
S. 139	© Stefan Fischer
S. 142	© Georg Lembergh, Wien

S. 143	Nachlass Stefan Wong, Privatbesitz
S. 145	Nachlass Stefan Wong, Privatbesitz
S. 165	Nachlass Seo Yeong-hae, © Busan Museum
S. 171	Nachlass Stefan Wong, Privatbesitz
S. 173	Nachlass Stefan Wong, Privatbesitz
S. 175	Nachlass Stefan Wong, Privatbesitz
S. 176	Archiv Stane Jagodić, Ljubljana
S. 178	Nachlass Stefan Wong, Privatbesitz
S. 184	© Seo Soon-ae
S. 185	Nachlass Seo Yeong-hae, © Busan Museum
S. 187	Nachlass Seo Yeong-hae, © Busan Museum
S. 202	Nachlass Seo Yeong-hae, © Busan Museum
S. 207	Fotografin Seo Hye-sug
S. 208	© Sofie Jüttner
S. 215	Fotograf:in unbekannt
S. 216	© Suzie Wong
S. 218	© Stefanie Wong
S. 221	© Christian Schreger

mandelbaum *empfiehlt*

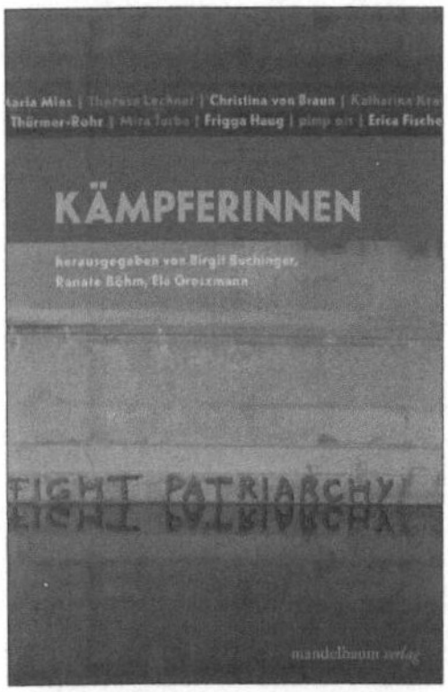

Birgit Buchinger, Renate Böhm, Ela Großmann
KÄMPFERINNEN

264 Seiten, Euro 22,–
ISBN: 978385476-984-2

Khadija von Zinnenburg Carroll
MIT FREMDEN FEDERN
Quetzalapanecáyotl – Ein Restitutionsfall

304 Seiten, Euro 27,–
ISBN: 978385476-952-1

Ruth Maier
»ES WARTET DOCH SO VIEL AUF MICH ...«
Tagebücher und Briefe Wien 1933–Oslo 1942,
herausgegeben von Jan Erik Vold

432 Seiten, Euro 28,–
ISBN: 978385476-881-4